SHODENSHA
SHINSHO

大化改新の黒幕

小林恵子

JN198003

祥伝社新書

まえがき

一般に、日本の古代史書は『古事記』と『日本書紀』であるといわれている。しかし、『古事記』は神代《かみよ》の時代に重点が置かれているので、専門家はあまり重視しない。

一方の『日本書紀』(以下『書紀』)も神代《じんだい》(かみよ)と人代《じんだい》(ひとよ)に分かれているが、神の時代の話にも史実が投影されているという説がある。だが、その根拠となるものはないので、うやむやのままである。また人代の初代は神武《じんむ》天皇であるが、神武天皇も神から生まれたことになっている。

古代の列島には騎馬民族が波状的に押し寄せ、短い間、支配しては何度も為政者が替わっている。八世紀の初めに完成した『書紀』は、その歴史をすべて抹消《まっしょう》して天皇を万世一系にしているので、破綻《はたん》があり、とても歴史書とはいえない。

たとえば神武の即位年は紀元前六六〇年で、アケメネス朝ペルシアの建国と同じにしている。そのため初期の天皇の年齢が一〇〇歳以上に延びたりしており、これまた歴史書とはいえない。

ところが、七世紀初めに唐《とう》からの使者が来たことを『書紀』が記し、唐の史書と『書紀』の一致を見たときから、専門家は『書紀』を尊重し、ほとんどすべてそれ以後の記述を史実としている。しかし八世紀初めに書かれた書であってみれば、七世紀に生存していた人も当時は数多く残っており、史実をありのままに書くと為政者側に不都合が生じる。だから曲筆《きょくひつ》がよけいに甚《はなは》だしいのである。

「大化改新《たいかのかいしん》」も、その例に漏《も》れない。本書で私は「大化改新」の真相に、具体的に迫っていく。

本書は凡例（10ページ）にも示すように前著二作の改訂版である。本書においては新しく人脈についての考察を載せた。騎馬民族には独特な婚姻習慣があり、その習慣を知ってみると、孝徳《こうとく》天皇（百済義慈《くだらぎじ》王、高句麗太陽《こうくりたいよう》王）と高向玄理《たかむくげんり》が複雑に交錯した兄弟関係にあることが分かった。この両者を抜きにして、いわゆる「大化改新」は存在しなかったのである。

目次

第二章　蘇我一族の内紛　43

第三章　山背王朝の滅亡と「乙巳の変」　99

第五章　黒幕たちの運命　221

凡例

一、『日本書紀』・『古事記』・『萬葉集』は日本古典文學大系（岩波書店）による。現代語訳は筆者による。かなり大胆に意訳したところもあるが、本来の意味から外れていないつもりである。なお人名など固有名詞の振り仮名は、引用元に基づき旧仮名遣いとした。

一、『続日本紀』や系譜・伝記などは主に『群書類従』（群書類従完成会）や『国史大系』（吉川弘文館）本による。

一、半島の『三国史記』・『三国遺事』は古典刊行会昭和六年版や朝鮮史学会編、国書刊行会編昭和四八年版。

一、中国の史料は主に北京市の中華書局と台湾の宏業書局発行のものによった。

一、本文中の著者・編者の敬称は省略した。

一、推古朝などの倭国の年号は『書紀』によっているので、私見と異なる場合があることをご了承いただきたい。

一、本書は『陰謀 大化改新』（一九九二年、文藝春秋）、『史上から消された聖徳太子・山背王朝』（二〇一二年、現代思潮新社）の二作を改訂し、新しい見解を加えたものである。

序章　二つの疑問

孝徳《こうとく》の即位と白村江《はくそんこう》の戦い

六四五年、中大兄《なかのおおえ》皇子が蘇我入鹿《そがのいるか》を天皇の目の前で暗殺した。『書紀』はその日を「皇《こう》極《ぎょく》天皇四年六月戊申《ふみづきつちのえさるのひ》」（六月一二日）と記す。

入鹿が、天皇をないがしろにして朝廷を専横《せんおう》していた蘇我氏の一族であることはいうまでもないが、中大兄は、その入鹿が帯刀《たいとう》しないまま宮殿にいたところを殺したのである。これを「乙巳《いっし》の変」といい、朝廷はすぐに改新の詔《みことのり》を発布した。明治以後、それを「大化改新《たいかのかいしん》」と呼ぶ。ここに二つの疑問が浮かぶ。

第一の疑問は、「乙巳の変」後の即位である。

『書紀』でいえば、中大兄は舒明《じょめい》天皇の皇太子である。その中大兄が傲慢《ごうまん》な家臣の一族の入鹿を殺したのだから、その功績によって即位して当然だろう。ところが即位したのは、中大兄の母親である斉明《さいめい》天皇の異母弟と称する孝徳《こうとく》天皇であった。斉明の父親、したがって孝徳の父親は、『書紀』にはまったく名前が出てこない。

このような出自不詳の人物が即位できたのはなぜか。

次の疑問は倭国の出兵である。

六六〇年、急に唐《とう》が百済《くだら》を滅ぼした。そこで百済を唐から奪還するため、六六一年の暮れから中大兄、斉明天皇、大海人皇子《おおあま》らが出兵し、牙山湾《アサン》（百済）に入ったが、翌六六二年に唐軍と戦って敗れた。これを「白村江《はくそんこう》の戦い」という。

しかし、なぜ倭国の皇太子の中大兄が百済の再興を志《こころざ》したのか。『書紀』にも中国の史書にも理由は見えない。

私の歴史解明は、中国の史料と『書紀』の記述が一致したとき、また、半島の史料（『三国史記』など）と『書紀』の記述が関連している場合、そして中国と半島それぞれの史料で倭国に関する内容が一致している場合、以上の三点をもって史実と解釈する。

たとえば卑弥呼《ひみこ》という名は、『書紀』には出てこないが、中国の史料と半島の史料には出てくるのである。『三国志』東夷伝《とういでん》に卑弥呼の三文字が載っている。そして半島の史料では『三国史記』の「新羅本紀《しらぎ》」に、阿達羅《あだら》王二〇（一七三）年、倭の女王として卑弥呼の名が出ている。

それから、五行思想と讖緯《しんい》説を歴史の解明に取り上げた。讖緯説とは、天変地異で政治上の出来事の予告・暗示をするものである。「地震があった」とある場合、本当に地震があったかどうかは別にして、「地（人民）が揺れる」だから、「動揺する」あるいは「クーデターを起こす」という意味になる。『書紀』の場合は、その自然現象だけを記して、政変の中身を書かないことが多い。だから讖緯説で推測するしかないのである。

また五行思想とは、国やその人々が持っている特性を木《もっ》・火《か》・土《ど》・金《こん》・水《すい》の五つ（五行）で表わし、五行それぞれに季節や方位などを当てはめることをいう。たとえば中大兄の場合、色は白、季節は夏、方向は右、霊獣は白虎《びゃっこ》、動物は猿である。

『書紀』でいう聖徳太子の子の山背《やましろ》一族が滅ぼされる直前、『書紀』には「森の中で猿が居眠りしながら『誰かが自分を誘惑する』と歌っていた」とある。これは五行思想を知らなければ分からないことで、中大兄は倭国に来て間がなく、山背一族を助けることができずに、傍観するしかなかったことを暗示している。中大兄は五行思想で猿だから、それを世の人が猿にかこつけて風刺しているのである。

山背一族を滅ぼしたのは軽《かる》皇子（孝徳）と大海人、それと蘇我入鹿たちだった。そこで、この行為は山背王朝を公認している唐にとって、重大なクーデターと受け取られた。この後、唐朝は孝徳を追い詰めてゆく。

一妻多夫の習慣

外国史料の検討、五行思想と讖緯説に続く歴史探求の第三の方法として、私は騎馬民族に独特の、女性の貞操《ていそう》観念を挙げる。

七世紀といえば、キリスト教や儒教は女性の貞操を重んじ、「一婦二夫にまみえず」が固定していた。ところがチベットで一妻多夫の習慣があるように、騎馬民族の世界では女性の貞操観念がほとんど見えないのである。たとえば騎馬民族の可汗《かがん》（部族長）の妻は、可汗が亡くなると、次の可汗を指名してその妻となった。家という観念が薄いせいか、血縁の子女よりも、妻妾《さいしょう》のほうを国と国の和合などに用いた。

この例は『書紀』にも見える。五世紀の後半、雄略《ゆうりゃく》天皇時代、百済王が昆支《こんき》（私見では雄略天皇）を倭国征伐に行かせるにあたり、昆支は王の妻妾の一人を賜《たまわ》りたいと願い出た。王はその妾《めかけ》が臨月なので躊躇《ちゅうちょ》したが、「途中で子どもが生まれたとき、男子ならば妾もろとも百済に返すように。女子ならばそのまま連れてゆけ」と命じた。その妾は九州の姫島《ひめしま》に来て子どもを産んだが、男子だった。そこで昆支は、約束どおり妾と男子を百済に送り返した。

男子は長じて武寧《ぶねい》王となり、亡くなったときは列島特有の高野《こうや》杉の棺《ひつぎ》に葬《ほうむ》られ、列島人の好む鏡が埋納《まいのう》されていたという。このことは『書紀』と「百済本紀」の記述と考古学的遺物が完全に一致し、この話が嘘でなかったことが分かる。

このような観点から見ていくと、前著『聖徳太子の真相』で述べたように五八〇年末、ササン朝ペルシアのホスロー二世が西へ、達頭《タルドウ》（倭王タリシヒコ、一般的には聖徳太子）が東突厥《とっけつ》へ向かった。このとき、おそらく身重の妾を達頭に激励の意味でホスローが渡したと考えられる。そこから生まれたのが斉明天皇である。

一方、達頭は東突厥を征伐するに際して、背後から高句麗が襲うのを牽制《けんせい》するため、当時高句麗の嬰陽《えいよう》王から側室をもらった。彼女もおそらく妊娠していたらしく、生まれたのが高向玄理《たかむくげんり》（和名で「たかむこのくろまろ」とも。本書では「たかむくげんり」で統一する）であろう。「高」は高句麗の高、「向」はその方向を向く、「玄」は黒で北を指す。「理」は王の里で、高向玄理は達頭に育てられた嬰陽王の子と思われる。

このように、自分の子を身ごもった女を他国に差し出すと、血統がその国に伝わるので、労せずして支配することにもなりうるのである。

高向玄理も斉明も、おそらく五九〇年代の前半に生まれた。二人は結婚していたという記録（『二代要記』）がある。そして大海人も玄理の子だったという。

　達頭が隋との戦いに敗れて五九九年秋に高句麗に身を寄せたとき、返礼のつもりでホスロー二世から賜った妻を嬰陽王に残していったらしい。その女から生まれたのが太陽《たいよう》王である。達頭は「日出《ひいづ》る処《ところ》の天子」と自称するごとく、太陽を強く意識した人間である。

　太陽王が達頭の子であることは国人の誰もが知っていたらしく、嬰陽王の男子は太陽王一人なのに、嬰陽王が亡くなったとき即位できなかった。かわりに嬰陽王の弟の栄留《えいる》王が即位した。そこで六四一年、高向玄理の子と称する蓋蘇文《がいそぶん》（大海人）が栄留王一族を皆殺しにした。このときから玄理と太陽王は、兄弟であるようでないような仲ではあるが、主従として結びついた。玄理は『書紀』には「唐の学生」と出ているが、唐との連絡を事としていたようだ。

　太陽王は栄留王一族を殺すと百済に入り、武《ぶ》王にとって代わって斉明と中大兄、間人《はしひと》皇女を島に追放した。高向玄理の妻であった斉明が、武王の妻になったのは六二二年ごろ、すなわち達頭が唐に追われるころだったと思う。

　達頭としては、百済の武王は比較的唐との関係がよかったので、武王に娘である斉明をやって、唐との間を取り持ってもらいたかったのかもしれない。「百済本紀」には、武王は「両端をとった」と書かれている。「両端」とは倭国と唐のことだ。武王はどちらにもいい顔をした、ということである。

三つの国を支配した孝徳

いずれにしても中大兄は、六二六年ごろ生まれている。姉の間人が生まれたのはもっと早いから、六二四〜五年のころだっただろう。

島に追われていた斉明らを気の毒に思ったのか、山背王が倭国に呼び寄せたと私は考えている。ただし『書紀』には「百済皇子翹岐《ぎょうき》が（ひそかに敵対する）蘇我邸を訪問した」と出ている。翹岐とは中大兄のことである。

先にも述べたように、中大兄は孝徳一派が山背一族を滅ぼすのを傍観するしかなかった。彼は倭国に来たばかりで兵も武力もない、ただの亡命皇子だったからだ。だから先述した「猿」の記述になったわけである。

中大兄としては、山背が滅んだ以上、孝徳に身を寄せるしかなかった。そこで入鹿を暗殺して孝徳の仲間入りをしたわけである。山背と蘇我氏が滅び、即位した孝徳は大化年間（六四五〜六四九）、日本にいて天皇であったが、百済に帰国して義慈《ぎじ》王になった。大化に続く白雉《はくち》年間は小王孝《しょうおうこう》（唐に義慈王とともに連れていかれた）の時代だと私は思っているが、この時点で孝徳は高句麗、百済、倭国を支配したことになる。

六五三年、中大兄と斉明、そして大海人、間人らは難波宮《なにわ》から大和《やまと》に去った。唐は、武闘派である大海人が孝徳から離反するこのときを狙っていたのだ。

ただし、そのころ唐の建国時の武将たちは次々に引退しており、実戦でまともに戦えるのは西突厥の賀魯《がろ》（達頭の子孫と伝えられる）と戦っていた蘇定方《そていほう》ぐらいだった。蘇定方が六五〇年代半ばにようやく賀魯を殺して、極東に回り、百済を六六〇年に滅ぼした。百済の義慈王と小王孝は唐に連れ去られ、やがて殺されたらしい。高向玄理も、そのころ唐で牢死したといわれている。

百済皇子翹岐こと中大兄は、当然ながら百済の再興を志《こころざ》した。冒頭で記したように、六六一年冬から斉明、大海人らとともに百済に行き、翌六六二年、牙山湾で唐と激突して戦い敗れた。そして九州に籠《こ》もり、水城《みずき》や大野城《おおののき》を築いて唐への防衛を固くした。

唐としては、何としても中大兄を百済王にしたくなかった。なぜならば、中大兄が百済王に収まってしまうと、倭国を大海人が専断するからである。そこで唐は早速六六四年、唐使を倭国に遣《つか》いして中大兄を倭王に定めた。唐は終焉《しゅうえん》を迎えるまで、中大兄つまり天《てん》智《じ》系天皇のみを正統としたのである。しかし実際は、壬申《じんしん》の乱を経て天武が即位して以後、ほとんど天武系天皇の時代だったのである。

『書紀』が隠した天皇

さて、入鹿暗殺の現場に居合わせたのは古人大兄皇子《ふるひとのおおえのみこ》であった。『書紀』には古人が息せき切って邸宅に閉じこもり、「韓人《からひと》が鞍作《くらつくり》（入鹿）を殺した」といったと出ている。「韓」とは朝鮮半島南部のことで、この場合、百済を指し、中大兄をいっている。当時、中大兄はまだ韓人、すなわち百済人といわれていたのである。

では、古人が入鹿暗殺の現場に居合わせたのはなぜか。

私は前年の六六四年、山背王一族が殺されたのち、蘇我蝦夷《えみし》（入鹿の父）が急遽《きゅうきょ》、古人大兄を即位させたと考えている。古人は馬子《うまこ》（蝦夷の父）の娘と舒明天皇（百済武王）との間に倭国で生まれた人である。

つまり『書紀』の「（「乙巳の変」勃発時の）皇極天皇」とは斉明女帝のことではなく、古人大兄のことをいったのである。入鹿が殺されると古人は僧形になって、一族とともに吉野《よしの》に隠れるが、すぐに山背を滅ぼした追手が吉野に行って一族全員を殺した。したがって古人は吉野皇子とも書かれている。

孝徳一派が山背王朝を滅ぼしたことは、先述したように唐に対するクーデターである。それによって唐が百済を滅ぼし、さらに「白村江の戦い」で中大兄らの百済再建の夢を打ち砕いた。

唐は、最終的には高句麗を滅ぼすことに主眼を置いていた。そして六六八年、ついに高句麗を滅ぼした。ここで唐の極東での戦略は表面上、成功したのである。

山背王朝を滅ぼしたことが唐の怒りを買い、唐はその後の孝徳朝、斉明朝を否定した。『書記』では、蘇我氏一族を滅ぼした「乙巳の変」を重大な政変として記述しているが、その実質は倭国の内紛にすぎない。『書紀』は山背王朝の滅亡を矮小化《わいしょうか》するために、「乙巳の変」をことさら大きく取り上げたのだ。この歴史の見方が重要であると私は考える。

第一章

「大化改新」の真相

誅殺《ちゆうさつ》の場面

『日本書紀』が描く蘇我蝦夷・入鹿殺害へのドラマを再現すると次のようになる。

蝦夷・入鹿親子は、それぞれの邸宅を宮門《みかど》と呼び、息子たちを王子と呼ばせた。邸宅の周りには城柵を巡らし、門のそばには兵庫《へいこ》を建て、火災の準備も怠りなく、武器を持たせた護衛に終夜、警備させていた。

出かけるときは五〇人もの人員に警備させていた。このように、天皇以下の皇族をないがしろにした国王のような振る舞いは目にあまるものがあった。

そこで中大兄と中臣鎌子《なかとみのかまこ》（鎌足《かまたり》）らは密かに相談し、六四五年六月一二日の三韓（この場合、高句麗・百済・新羅の三国）の調進の日、蘇我石川麻呂《いしかわまろ》（蘇我倉山田麻呂《くらやまだ》）が表文を読み上げている最中に、入鹿を殺害することを決めたのだった。以下、現代語訳である。

「入鹿は用心深い性格だったから、常に身に剣を帯びていたが、この日、鎌足は俳優《わざひと》（道化）を使って剣をとらせようとした。騙《だま》された入鹿は笑って剣を俳優に渡した。

入鹿が宮殿に入り、座に着くと、倉山田麻呂臣（石川麻呂）が進み出て天皇の前で三韓の表文を読み始めた。そこで、中大兄は衛門府（警備部署）の者に命じて、宮城の一二の通門を一挙に閉めさせて往来させず、禄《ろく》を授けると称して衛門府の兵を一カ所に集めた。

それから、中大兄はみずから長い槍を持って物陰に隠れた。鎌足らは弓矢を持って中大兄を助け、海犬養連勝麻呂《あまのいぬかいのむらじかつまろ》に命じて、佐伯連子麻呂《さへきのむらじこまろ》と葛城稚犬養連網田《かづらきのわかいぬかいのむらじあみた》にそれぞれ剣を渡して『必ず、一気に斬るよう』といわせた。ところが、子麻呂らは緊張のあまり、食事が喉《のど》を通らず、水で流し込んでも吐いてしまう有様なので、鎌足は叱咤激励《しったげきれい》しなければならなかった。このような状態だったから、倉山田麻呂が読み上げている表文が終ろうとしているのに、まだ、子麻呂らは出てこない。倉山田麻呂は子麻呂らがついに現われないのではないかと気が気ではなく、満身から冷汗が流れ出し、声が乱れ、手が震えだした。入鹿は倉山田麻呂の様子を怪しんで『なぜ、震えるのですか』と問うた。倉山田麻呂はとっさに『天皇の近くにいるため、畏《おそれ》多くて汗が出るのです』と答えた。

中大兄は子麻呂らが入鹿の威勢を恐れて、いつまで経《た》っても逡巡《しゅんじゅん》して出ようとしないのを見て、『やあ』とかけ声をかけると同時に、不意に飛び出し、子麻呂とともに入鹿の頭から肩にかけて斬りつけた。驚いた入鹿が立とうとしたところを、さらに子麻呂が足を斬りつけた。入鹿は転がるようにして、天皇の座に取りつき、叩頭《こうとう》（額を床につける中国の古式の礼）をしていった。

『日継《ひつ》ぎの位にいるのは天子、あなたです。私に罪はありません。審議してください』

天皇は大いに驚いて、

『私は何も知らない。何でこのようなことをするのか』

中大兄は地にひれ伏して、

『鞍作《くらつくり》（入鹿）は天孫を滅ぼしつくして、天皇の地位を危うくしようとしています。どうして、天孫を鞍作と取り替えることができましょうや』

天皇は黙って立ち上がり、内殿に入られた。

そこで子麻呂らは入鹿を斬り殺し、死体を雨が降って水の溜まった庭に出して、莚《むしろ》で作った粗末な屛風《びょうぶ》で覆《おお》った。

それを見ていた古人大兄（父は舒明天皇、母は蘇我馬子の娘・法提郎媛《ほほてのいらつめ》）は自分の屋敷に走り帰るや、『韓人《からひと》が鞍作を殺した。痛切のきわみだ』というなり、寝室に入り、門を閉ざして閉じこもってしまった。

中大兄は法興寺《ほうこうじ》に、諸皇子・諸王・諸卿ら、中大兄に従う者たちと籠城した。

一方、蝦夷側は警備の漢直《あやのあたひ》らが一族郎党を呼び集め、蝦夷を助けて合戦の準備をしていた。

中大兄は将軍の巨勢徳陀臣《こせのとこだのおみ》を使者に立て、入鹿の死体を蝦夷宅に送らせた。そして天地開闢《かいびやく》以来まず初めに君臣があるとして、臣下の分《ぶ》を守らない賊党の赴《おもむ》く先は入鹿のような死であることを知らせたのだった。

ここに、蝦夷側にあった高向臣国押《たかむくのおみくにおし》は『我らは君大郎《きみたいろう》（入鹿）のなした所業のために殺されることになろう。大臣（蝦夷）も今日明日のうちに殺されるに決まっている。ならば我々は誰のために空《むな》しく戦って、皆、罰せられねばならないのか』といい終わるなり、剣を解き、弓を投げ捨てて立ち去った。その他の者も国押に従って散り散りに逃げてしまった。

翌一三日、蝦夷らは殺される直前に、『天皇記』・『国記』及び珍宝の数々をことごとく焼いてしまった。ただ、船史《ふねのふびと》恵尺《えさか》という人が、すばやく焼かれた『国記』を取り出し中大兄に献じた。

同日、蝦夷父子の屍《しかばね》を葬ることと、哭泣《こつきゅう》（泣き叫ぶ葬礼）を許したのだった」

「大化改新」は明治の新造語

以上が『書紀』の記載であり、ここで中大兄らによって蘇我本宗家《ほんそうけ》が滅ぼされたのである。これが、いわゆる「大化改新」の発端であり、この事件は乙巳《いっし》（六四五）の年に起きたので、普通「乙巳の変」と呼ばれている。

「乙巳の変」の原因は蘇我氏にあり、中大兄らの皇族が専横な蘇我一族を誅殺《ちゅうさつ》したという常識は『書紀』の意図したことである。しかし真の理由と原因は、蘇我氏対中大兄・鎌足の争いというだけではなかった。それは思いがけない人と歴史的必然性が招いた、予想をはるかに超えるスケールの、東アジア全体に関わる政変の一つだったのである。

もっとも、「大化改新」という言葉そのものは『書紀』には見えない。「大化改新」という語は杉浦重剛《すぎうらじゅうごう》ら著の『日本通鑑』（明治二一年）に初めて現われる。明治二一年は一八八八年だから、たかだか一三〇年余り前のことにすぎない。

尊皇攘夷の機運の高まった幕末の頃の頼山陽《らいさんよう》（『日本政記』）の説が大きく明治以後を支配することになったのだ。頼山陽は「大化改新」を歴史家としてではなく思想家として認識したのである。つまり、「乙巳の変」で天智《てんじ》天皇（中大兄）が姦臣《かんしん》を誅して、国家の大権を皇族に復帰させ、翌大化二年の「改新の詔《みことのり》」で制度を制定して万世の太平を開いたとしたのである。
彼の解釈は明治以後、「大化改新」が明治維新の先駆的事業として、「建武中興《けんむ》」とともに日本の三大王政復古という歴史的意義を持つものとして定着していく。
「大化改新」という明治以後の新造語には、このような背景があるのだが、その線上に坂《さか》本太郎《もとたろう》（『大化改新の研究』至文堂　昭和一三年）の次のような説がある。要約する。

第一　皇権の確立と皇威の振張。土地と人民を国家が収公《しゅうこう》し、税を徴収する中央集権体制によって皇位の絶対性を示すことを目的とする。
第二　人民の撫恤《ぶじゅつ》（憐《あわ》れみ、慈《いつく》しむこと）。貴族が人民を抑圧した旧弊《きゅうへい》を改める。
第三　文化の向上、制度の整備。慣行を制度化し、制度を組織化することで文化の向上を具現化する。

坂本は「大化改新」の目的として以上の三点を挙げている。第一はその通りであろう。しかし、第二は第一の結果と明らかに矛盾している。第一の皇威の振張は、人民にとってそれまでの豪族の支配から、より強力な中央集権国家的大和朝廷の圧制に苦しむことになったにすぎない。

また、第三の制度の組織化が、はたして文化の向上とストレートにつながるのだろうか。

しかし、この説は今日でも「大化改新」の一般的概念といっていいのかもしれない。第二次世界大戦後、皇国史観の立場から「大化改新」を見るのではなく、歴史として、この時代を見ようとしたとき、また新たな取り組み方が必要になった。それは『書紀』批判と関連しており、『書紀』の記述がすべて正しいといえないという視点から「乙巳の変」という事件も新しく検証しなおさなければならなくなったのである。

現在は「大化改新」のイデオロギー的解釈ではなく、『書紀』にある「改新の詔」が実際に発布されたのか。発布されたとして、それがいつ、どのように施行されたかの問題に専門家の興味は集中している。

大化二（六四六）年には「改新の詔」による改革はおろか、「改新の詔」の発布すらなく、改革は少なくとも天智称制《しょうせい》三（六六四）年以後その緒についたとする原秀三郎《はらひでさぶろう》（『日本古代国家史研究』東京大学出版会　一九八〇年）らの説は例外として、大化年間に「改新の詔」は発布されたが、それは天智・天武時代に順次整備され発展し、八世紀初めの文武《もんむ》天皇時代に律令制として完成されたというのが今日の大勢である。

「改新の詔」は存在したか

『書紀』には「大化改新」という言葉はないが、「改新の詔」というのが「乙巳の変」の翌年の大化二（六四六）年正月条に見える。

この条は「大化改新」があったかなかったかの争点の中心にあるから、全文を現代語訳にして読者諸氏の判断に委《ゆだ》ねたい。

「二年春正月《むつき》甲子《きのえね》朔《ついたちのひ》（一日）、賀正の礼を終えて〝改新の詔〟を宣して曰《のたま》う。

一に曰《い》う。昔、天皇などの立てた子代《こしろ》の民（皇室私有民）、処々《ところどころ》にある屯倉《みやけ》（この場合、天皇家の直轄領）、及びわけても臣《おみ》・連《むらじ》・伴造《とものみやつこ》・国造《くにのみやつこ》・村首《むらのおびと》（天皇の臣下及び地方の豪族や首長）の所有する部曲《かき》の民、処々の田荘《たどころ》（私有地）を廃止せよ。その代わりに食封《へひと》（封戸の給付）を大夫《まへつきみ》以上に位に応じて支給する。大夫より下の官人《つかさ》や百姓《おほみたから》には位に応じて布帛《きぬ》を支給する。また曰う。大夫には民を治める役目がある。大夫が民をよく治めれば民は大夫を頼りにする。故《ゆえ》に、大夫の禄を重くするのは人民のためなのである。

二に曰う。京師《みさと》を治めるに際して、まず、畿内国《うちつくに》には司《みこともち》・郡司《こほりのみやつこ》・関塞《せきそこ》（関所）・斥候《うかみ》（見張り）・防人《さきもり》・駅馬《はいま》・伝馬《つたはりうま》を設置し、鈴契《すずしるし》（伝馬のしるしの鈴）を造り、山河の領域を定めよ。京の中は坊《まち》ごとに長一人を置き、四坊には令一人を置いて戸数を調べ、罪状を明らかにせよ。坊令《まちのうながし》は坊内の正直にして強健、その任務に堪《た》える者を選びだして充《あ》てよ。地方の里坊長《さとまちのおさ》にしても、里坊の百姓のうちの正直で強健な者を充てよ。もし、その地方に適当な者がいないなら、近くの里坊の清廉潔白で強健な者を選べ。

東は名墾《なばり》の横河《よこかは》（三重県名張川）、南は紀伊の兄山《せのやま》（和歌山県紀の川中流）、西は赤石《あかし》の櫛《くし》淵《ふち》（兵庫県明石市）、北は近江《あふみ》の狭狭波《ささなみ》の合坂山《あふさか》（滋賀県大津市）より内を畿内国《うちつくに》とする。郡《こほり》は四〇里をもって大郡《おほきこほり》、三〇里より下四里より上を中郡《なかつこほり》、三里を小郡《すくなきこほり》とせよ。郡司《こほりのみやつこ》並びに国造《くにのみやつこ》の中から清廉潔白にして、任務に堪える者を選んで、大領《こほりのみやつこ》・小《すけの》領《みやつこ》とし、強くたくましく賢くて読み書き、計算のできる者を主政《まつりごとひと》・主帳《ふびと》とせよ。

駅馬・伝馬は鈴や伝符《つたへのしるし》（伝馬から伝馬に伝える札）にある、規定されたきざみのある数だけ給せよ。諸国や関所には鈴契を渡すが、そのときには長官《かみ》が受け取れ。長官が不在のときは次官《すけ》が受け取れ。

三に曰う。初めに戸籍《へのふみた》・計帳《かずのふみた》・班田収授之法《あかちだをさめさづくるのり》を造れ。五〇戸を一つの里《さと》とし、里ごとに長一人を置いて、一戸あたりの員数を調べ、農業を奨励して課税せよ。それに違法する者を見つけたら禁ぜよ。賦役《えつき》（この場合は庸《よう》、力役）を徴集せよ。もし、山谷険しく、人跡まれな遠隔地ならば適宜、様子を聞いて適当に決めておけ。

田は長さ三〇歩（一歩は約一五〇センチメートル）、巾《はば》一二歩を一段、一〇段を一町とせよ。租税は一段ごとに稲二束二把《たばり》、一町ごとに稲二二束とせよ。

四に曰う。旧来の賦役（力役）を廃止して田に租税を課すことを行なえ。絹《かとり》（固織《かたおり》の絹）・絁《ふとぎぬ》（目の粗《あら》い絹）・絲《いと》（生糸）・綿《わた》（絹綿）などは地方の特産物にしたがって提出させよ。田一町は絹一丈《じょう》にあたり、四町で一匹とする。一匹の長さは四丈、巾二尺半、絁は二丈、二町を一匹とする。長さ、巾は絹と同じ。布（麻）四丈の長さと巾は絹と絁に同じ。一町をして一端となす。（古注・絲と綿の重さについてはどこにも見えない）

別に一戸ごとの調《みつぎ》を納めさせよ。一戸につき貲布《さよみのぬの》（あら布）一丈二尺である。調の副物《そはりつもの》（附加税）の塩と贄《にえ》（献上食品）は郷土の産出する特産品にしたがえ。官馬は中級の馬ならば、一〇〇戸に一匹、もしよい馬ならば二〇〇戸毎に一匹を搬出せよ。馬を供出できない場合は馬の値《あたい》として、一戸ごとに布一丈二尺を出せ。武器は男子一人につき、刀《たち》・甲《よろひ》・弓・矢・幡《はた》・鼓《つづみ》を供出せよ。仕丁《つかへのよほろ》（国に徴発された人）は旧来の三〇戸ごとに一人だった〈古注・その者は廝《くりや》で使う〈つまり僕《しもべ》とする〉〉が、五〇戸ごとに一人〈古注・同上〉をそれぞれの役所に所属させよ。

五〇戸をもって仕丁一人の生活費を賄《まかな》え。

その内容は一戸につき、庸《ちからしろのぬの》布一丈二尺、庸《ちからしろのこめ》米五斗である。采女《うねめ》は郡の小領以上の官職にある者の姉妹か娘の容姿端正な者を貢上せよ。〈古注・従者には従丁《ともよほろ》一人、従女《ともめわらは》一人〉一〇〇戸をもって采女一人の生活費に充てよ。庸布・庸米は仕丁に準ぜよ」

重税にあえぐ庶民

この「改新の詔」を見て、重税にあえぐ庶民の姿が想像され、今までなんとなく感じていた大化改新のイメージと違った印象を持つ人が多いのではないだろうか。

「改新の詔」が実際に大化二年に発布されたかどうか、最初に疑問をなげかけたのは井上《いのうえ》光貞《みつさだ》(「郡司制度の成立年代」『古代学』一―二 昭和二七年／後に『日本古代国家の研究』岩波書店 昭和四〇年)だった。理由はいくつかあるが、代表的なのは、評と郡の問題である。

先に挙げた「改新の詔」でも分かるように、『書紀』では、郡司の「郡」、大郡・中郡・小郡の「郡」がすべて郡になっている。しかし七〇二年の大宝令《たいほうりょう》の施行以前は「郡」ではなく「評」が用いられていたらしい。つまり「改新の詔」が大化二年に発布されたそのものであるならば、「郡」表記は「評」表記でなければならない。大宝令以後の「郡」表記であること自体、後の『書紀』編纂時の現行法典である大宝令によって大幅に修飾されている証拠品として「改新の詔」全体の信憑性についても考えなおさなければならないだろうというのだった。

この説に同年、早速、坂本太郎（「大化改新の信憑性の問題」『歴史地理』八三―一 昭和二七年）は「評」から「郡」に変わったのは大宝律令以後であるという明確な証明がなされていないと反論した。これは「郡評論争」として専門家の間で有名である。

この論争は昭和四〇年代に入って、奈良県教育委員会による藤原《ふじわら》宮の発掘調査の結果、多数の木簡が出土したことで決着がついたのだった。藤原宮は持統《じとう》天皇八（六九四）年から元明《げんめい》天皇和銅《わどう》三（七一二）年まで宮殿があった場所である。この間の七〇一年の文武天皇時代に大宝律令が制定されている。木簡の多くは「評」と表記されていたが、中に「郡」が多少混じっていた。この「評」と「郡」の混在が七〇一年制定の大宝律令を境に評から郡に変更されたことを証明する重要な意味を持っていたのだ。たとえば持統五（六九一）年に「尾治国知多評」とあったのが、大宝二（七〇二）年には「尾治国知多郡」に変更されていた。また文武四（七〇〇）年には「若狭国小丹生評」とある（奈良国立文化財研究所『藤原宮木簡一解説』昭和五三年他）。

木簡だけではなく、文武四年建立の「那須国国造碑（栃木県大田原市）」にも那須直韋提《なすのあたいいで》が「評督《こおりのかみ》」という地位を賜ったとある。これらから、どう見ても「評」から「郡」の移行は大宝元年に制定され、大宝二（七〇二）年に発布された大宝律令による変更と考えざるを得なくなったのである。

確かに大宝律令施行以後、「評」は「郡」と表記されるようになった。その意味では、井上の「改新の詔」の信憑性への疑問もうなずける。

しかし磯貝正義《いそがいまさよし》（「郡・評問題私考」『続日本古代史論集上巻』坂本太郎博士古稀記念会編吉川弘文館　昭和四七年）は『書紀』の編者がわざわざ古い言葉の「評」を使わずに現行の制度の通りに「郡」と表記したのも当然であって、「郡」「評」表記と「改新の詔」の信憑性とは問題は別であるという意見であるが、傾聴すべきであろう。

日本の古代史は史料が少ないため、集中的に『書紀』を細かなところまで検証し、少しでも違ったり、矛盾したりしたことがあると信憑性がないと断定する傾向がある。人名に関しても一人の人がいくつもの名をもって登場するが、わずかな字の違いとか故意に隠蔽《いんぺい》した名にまどわされて別人とする傾向があり、結果的に混乱して史実がつかめない場合が見受けられる。

発布されたのは天武朝以後

では「改新の詔」はやはり、大化二年に発布されたかというと、そうは思わない。私も「改新の詔」は天武朝以後のものと見る。本書は大化改新の社会制度史が目的ではないから、その根拠を一つだけ挙げることにする。

「改新の詔」の訳文の中に、部曲《かきのたみ》が出てきたが、この「部曲」が鍵になるのである。その実態についてはさまざま論議されているが、漢代では隊の意味から私兵に転用され、南北朝では下僕をいい、隋・唐時代には上級賤民を称すようになったという（玉井是博《たまいぜはく》『支那社会経済史研究』岩波書店　昭和一二年他）。

その部曲を「改新の詔」では廃止するとある。確かに『書紀』安閑《あんかん》元（五三四）年十二月条に河内の部曲《うぢやつこ》という名称が見え、また皇極元（六四二）年是歳《このとし》条にも、蘇我蝦夷が一八〇部曲を動員して寿墓《じゆぼ》を造ったとあるから、「改新の詔」発布以前に部曲は存在したように見える。しかし、天武四（六七五）年に「甲子《きのえね》の（六六四）年に諸氏に給した部曲なる者を今後、停止せよ」とあるのが、問題なのである。

ところがそこでいう甲子の年、つまり天智三（六六四）年二月条を見ると、「民部家部《かきべやかべ》を定む」とある。民部・家部とは何か、このことについてもいろいろな説がある。両者がほとんど、同じ意味という意見も多い（八木充《やぎあつる》『日本古代政治組織の研究』塙書房　昭和六一年他）。

しかし、同じ意味なら区別する必要はない。班田制は北魏《ほくぎ》に始まったといわれているが、それには「天下に民田を給す」とある（『魏書』巻一一〇食貨志）。これより見て民とは、原秀三郎（前掲『日本古代国家史研究』）の意見のごとく、国に直接所属する人々を民と称しているのが分かる。したがって北村文治《きたむらぶんじ》（『大化改新の基礎的研究』吉川弘文館　平成二年）の説のように、天智三年二月条はそれまで曖昧《あいまい》だった公民的な民部と私家に属する家部を明確に規定した記述と見るべきであろう。

天武四年にそれが部曲と総称されて廃止されたのは、皇親が所有する民部を豪族の所有する家部とともに廃止し、まだ残っていた天智系の皇親の経済力と権力を弱めるという天武の目的があったと見る。ここに私は天武の天皇一元の絶対王政の確立への意志を見るのだ。

部曲という言葉は、このように天智朝になかったと見ると、初めて天武朝に用いられたことになる。そこで「改新の詔」に表われた部曲には、天武四年の条が投影されたと見られるのである。安閑条及び皇極元年条の蘇我蝦夷の一八〇部曲は、『書紀』の編纂時に屯倉《みやけ》（蘇我氏の直轄領）に所属する民の意味で用いられたものであろう。

私は「大化改新」の詔に天武四年条の詔が投影されているのは偶然とは思えないのである。なぜなら「乙巳の変」の後、国博士《くにのはかせ》として治世に務めた高向玄理は、後述するが天武の父（義理の父）に比定されるからである。

その前に明らかにしなければならないのは、大化に始まる孝徳朝に律令制の先駆的な政策が行なわれていたとして、それがどの程度信憑性があるかということだろう。

「乙巳の変」の直後の大化元（六四五）年八月条に、東国などの国司を招集して、戸籍を造ることと、田地の調査を命じているのが見える。そして白雉《はくち》三（六五二）年正月条に班田が終わったとあるのが、大化元年八月条を受けていると見られる。この『書紀』の記載をまったく無視するわけにはいかない。『常陸国風土記《ひたちのくにふどき》』の行方《なめかた》郡の条に、孝徳朝に惣領《すべをさ》高向大夫《たかむこのまへつきみ》と中臣幡織田大夫《なかとみのはとりだ》が郡家《こほりのみやけ》を設置したこと、池を造ったことが見えるからだ。

また『書紀』大化二年三月条に、官職を背景にして専横な振る舞いをした東国の国司らが厳しく叱責されているが、その国司の中に富制臣《ふせのおみ》という名が見える。この人は高向玄理の息子（後述）なのである。これらから、東国方面は常陸を中心にして、小規模ながら、田地の検証を始め、後に施行される班田制に備えたと考えられる。

孝徳天皇と高向玄理は孝徳朝の末期、不仲になったと見るが、その詳細は後として、玄理の息子が叱責されたのは、すでにこのとき、孝徳は玄理一族が東国に勢力を張るのを牽制したのであろう。

玄理は推古朝の六一〇年代に入唐《につとう》して何十年も外国で生活した国際的な政治家である。新しく班田制を施行するに際して、古くからの豪族が盤踞《ばんきよ》している大和地方や北九州より、渡来人が定着しつつあった東国、つまり関東地方の方が新開地であるだけ、やりやすかったのではないだろうか。

ところで、玄理が東国の事情に通じていたのは決して無駄とはいえなかったのである。「壬申の乱」のとき、東国勢が大海人皇子（天武）側につき、それが大海人勝利に重要な貢献をしたのだが、それも玄理が孝徳朝に東国に勢力を培《つちか》っていたおかげともいえるからだ。

文武天皇は一般に草壁《くさかべ》皇子の息子で天武天皇の孫といわれるが、私見（『倭王たちの七世紀』現代思潮社 一九九一年）によれば、実は彼は天武の息子である。玄理が東国で計画した律令制は息子の天武の浄御原令《きよみはらりょう》に受け継がれ、息子の文武の大宝律令によって完成されたことになる。

見方を変えれば、律令制は高向玄理がその緒につけ、天武が発展させ、文武が全国的に施行させた父子三代にわたる国家的事業だったともいえるのである。

第二章

蘇我一族の内紛

蘇我一族は百済から来た

今まで述べたように、「大化改新」とは明治時代の造語だが、「乙巳《いっし》の変」後、唐国の律令制を倭国に移植しようと試みられたことは事実である。

しかし、倭国の為政者が中国の政治制度を範として、民衆を把握し、絶対王政的に民衆の上に君臨しようとしたのは、何も「乙巳の変」以後とは限らない。すでに推古朝に聖徳太子が中国の法令を参考にして十七条憲法を制定しているではないか。

社会改革ではもちろんなく、政治改革でもないとしたら、「大化改新」とは一体何だったのか。結局のところ、残るのは蝦夷・入鹿父子の蘇我本宗家と孝徳、大海人、中大兄たちの権力闘争であり、その前に重要なのは、六四四年に山背王朝を滅ぼした孝徳（百済義慈王）の反唐運動だったということである。その孝徳の行為が、唐をして百済、倭国攻めにつながった。中大兄らが蝦夷・入鹿父子を滅ぼした「乙巳の変」という暗殺事件は国内問題にすぎない。

「乙巳の変」が日本古代史上最大の事件の一つとしてかくまで喧伝されるのは、一にかかって、蘇我一族が強力な天皇をもしのぐ存在として倭国に君臨し、中大兄らがその蘇我氏を倒すにあたって非常に苦労したせいであろう。消長はあっても、倭国にあって一世紀以上、事実上の国王の役目をはたしてきた蘇我氏とは一体何者だったのだろうか。

『蘇我・石川氏系図』などによると、孝元《こうげん》天皇の息子の大彦命《おおびこのみこと》から武内宿禰《たけのうちのすくね》につらなり、蘇我満智《まち》―韓子《からこ》―高麗《こま》―稲目《いなめ》―馬子―蝦夷―入鹿となる。このうち、史実として蘇我氏の祖先とされるのは満智で、（蘇賀）満智は『書紀』履中《りちゅう》二年条に平群木菟宿禰《へぐりのつくのすくね》らと国事を執ったとある。履中は仁徳《にんとく》天皇の次の天皇である。

また応神《おうじん》天皇二五年条に満智と見られる人物が登場している。百済の直支《とき》王が死に、若い王子が王となったので、大倭《やまと》の木満致《もくまんち》がもっぱら国政を取り仕切った。彼は王母と密通したりして無礼な行為をしたから、天皇がそれを聞いて呼び戻した。古注に『百済記』にいうとして、木満致は木羅斤資《もくらこんし》（百済の将）が新羅に遠征した時、新羅の婦人と結婚して生まれた子である。父親の功によって任那《みまな》（伽耶《かや》）に本拠を置いているが、百済や倭国を往来しながら、大和朝廷に倣《なら》って百済で政治を行なっているという。

「大倭（木）満致」とあるからには『書紀』は満致を倭国人と解しているのだろうが、大倭木満致の大倭は奈良時代末の写本である田中本には見えない（『日本書紀』上　三七七頁注二二）。しかし満致が倭国の人であろうとなかろうと任那を本拠にし、百済で国政を執り、倭国に呼び戻される満致は国際政治家であることに違いない。満致はまた木劦《もくきょう》満致という名で「百済本紀」（『三国史記』）蓋鹵《がいろ》王二一（四七五・雄略二〇）年条に出てくる。この年、蓋鹵王の百済は高句麗に攻められて王は敗死するのだが、その前に王子の文周《もんしゅう》と木劦満致と祖弥桀取《そみけつしゅ》が「南に行った」とある。六六二年の「白村江の戦い」のとき、唐国の将・劉仁軌《りゅうじんき》が「余《よ》（百済の姓）豊《ほう》は北にあり、余勇《ゆう》は南にある」と高宗に上表しているが、この場合の南は倭国を指す。このように、当時、東アジアでは南といえば倭国を意味したから、百済王子の文周以下三人が来日したのは確かである。

門脇禎二《かどわきていじ》（『葛城と古代国家』教育社　昭和五九年等）は、木劦満致は応神条の木満致と履中条の蘇賀満智と同一人であるという説である。満致と共に来日した祖弥桀取の姓はソヤとも読めるから蘇我に通じ、両者は親戚だったのかもしれない。ただし、文周は間もなく百済に帰国したらしく、同じ四七五年一〇月に、都を漢城《かんじょう》（現在のソウル特別市）から熊《ゆう》津《しん》（忠清南道公州市）に移している（「百済本紀」）。

　彼ら三人が来日したのは四七五年であるが、倭王武が宋に使者を送り、倭王即位の承認を求めたのが昇明《しょうめい》元（四七七）年である（『宋書』列伝五七・夷蛮）。倭王武は雄略天皇に比定されているから、満致らが来日したのは雄略朝のはずである。ところが、『書紀』雄略条には満致のことは何も見えない。

しかし、『書紀』には見えないが、満致が雄略朝にいたことは『古語拾遺』（斎部広成《いんべのひろなり》八〇七年）の雄略条に、「更に大蔵を立て、蘇我麻智《まち》宿禰をして、三蔵（斎蔵・内蔵・大蔵）を検校《けんぎょう》せしむ」とあり、満智が今でいう大蔵大臣の役をはたしていた記述があることで分かる。そこで、応神条の木満致の話は、雄略朝に来日した木刕満致の行為が投影されていると推定されるのだ。

倭国にいた証拠

ただし、木刕満致＝蘇我満智に反対の意見もある。志田諄一《しだじゅんいち》（「蘇我氏の出自と発祥地」黛弘道《まゆずみひろみち》編『蘇我氏と古代国家』吉川弘文館　平成三年）は、満致の日本定着を示す史料・伝承とも皆無であり、異国的な名の高麗以前の系譜は潤色されたものという意見である。

簡単に潤色というが、なぜ蘇我氏が異国風な名を持つ者を祖先とするか、潤色とするならば、潤色する理由を挙げなければ説得力はない。

蘇我氏の日本定着を示す史料がないというが、では、応神条の木満致とか『古語拾遺』

の蘇我麻智の記事は史料でも伝承でもないというのだろうか。

ここで、確かに満致が倭国にいたことを示す史料を提示しよう。それは他でもない『書紀』である。継體《けいたい》（継体）天皇三（五〇九）年二月条に「使いを百済に遣わす」とあり、その古注に「百済本紀にいう。久羅麻致支弥《くらまちきみ》、日本より来る。未だ詳《つまびらか》ならず」とある。久《く》羅《ら》は大蔵を司《つかさど》った意味であり、麻智は当然、満致の謂《いい》である。本文は倭国側から、古注は百済側から見た文章だから、「百済本紀」では未詳としながらも、このとき、満致は倭国の使者として百済に行ったと解釈している。彼が文周と来日してから、実に三四年間の月日が経っていたのである。

使者として百済に渡ったのは、おそらく、雄略・武烈《ぶれつ》朝から継體への王朝交代にあたって、雄略の臣だった満致は倭国にいづらくなったのであろう。

満致の子の韓子は雄略九（四六五）年三月条に、新羅征討を命じられた将の一人として出てくる。

韓子は将の一人である紀大磐宿禰《きのおおひはのすくね》と反目していたが、それを知った百済王は国境を見せると称して二人をおびき寄せた。河のそばまで来たとき、韓子が後ろから大磐を射て、矢を馬の鞍《くら》に当てた。大磐は驚き、ふりむきざま韓子を射たのが急所に当たり、韓子は河

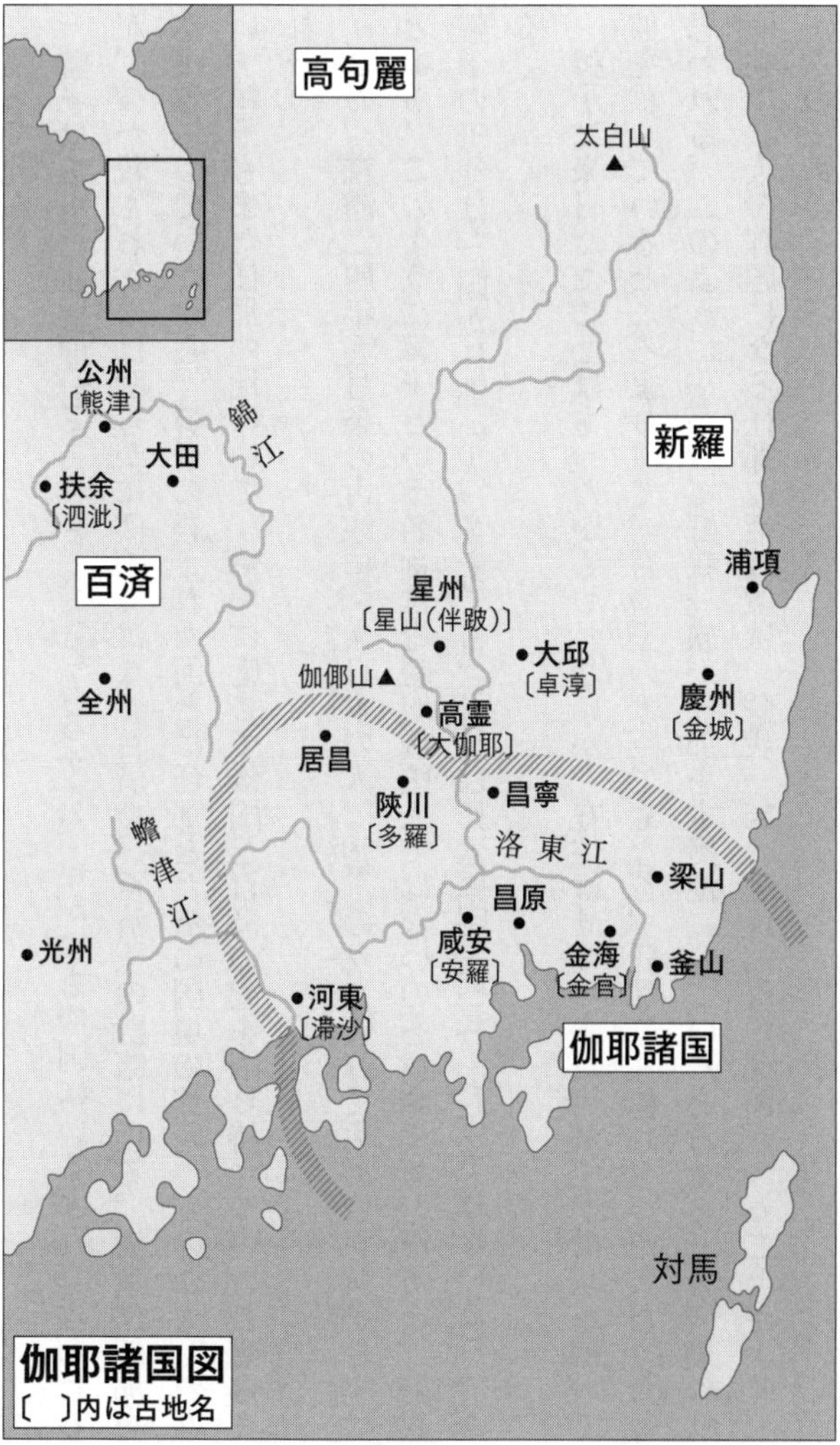
高句麗
太白山
公州
〔熊津〕
錦江
大田
扶余
〔泗沘〕
新羅
百済
浦項
星州
〔星山(伴跛)〕
大邱
〔卓淳〕
伽倻山
慶州
〔金城〕
全州
高霊
〔大伽耶〕
居昌
陜川
〔多羅〕
昌寧
蟾津江
洛東江
梁山
昌原
咸安
〔安羅〕
金海
〔金官〕
釜山
光州
河東
〔滞沙〕
伽耶諸国
対馬
伽耶諸国図
〔　〕内は古地名

に落ちて死んだ。

韓子は天皇に新羅征討を命じられたとあるから、いかにも倭国にいるように思われるが、彼が殺されたのは明らかに倭国ではなく百済で、百済王の計略による。満致は任那を本拠地にしていたから、韓子の殺された河とは任那と百済の国境の河だったのかもしれない。韓子もまた任那の地にいて、情勢に応じて倭国と百済の間を取り持っていたと想像される。

なお、継體二四年九月条の古注に「大日本《おおやまと》の人、蕃《となりぐに》の女《め》を娶《と》りて生《う》めるを韓子《からこ》とす」とある。このように韓子という名称は母親が倭国人ではないのを意味するとなると、蘇我韓子の母親は三国か任那の人であると見られ、彼は倭国で成長した人ではないようである。

韓子は来日したことはあったかもしれないが、在住はせず、また百済王が計略を使って彼を殺しているところより見て、百済王の家臣でもなく、任那に在住していた人だったと思われる。このように、かつて蘇我一族が任那を本拠地にしていたと考えるとき、後の欽《きん》明《めい》朝で最大の課題になる任那復活政策は、蘇我一族の失地回復の悲願だったことがよく分かるのである。

韓子の子の高麗は『紀氏家牒《きしかちょう》』に「韓子宿禰の男（息子）蘇我馬背《うませ》宿禰、亦《また》、高麗宿禰と曰う」とあるから、馬背ともいったらしい。
継體一〇（五一六）年五月条に、加羅《から》（伽耶）を攻めた物部連《もののべのむらじ》が、加羅の伴跛《はへ》（慶尚北道高霊郡方面）の軍勢に攻められて、逃亡した。百済の前部（百済の畿内の名称）の木劦不《もくらふ》麻甲背《まかふはい》はその物部連を迎えに行き、国に迎え入れて、多くの品物を贈ってねぎらったという。この木劦不麻甲背は木劦馬背、すなわち高麗ではないだろうか。

また、継體二三（五二九）年三月条に、近江毛野が安羅（伽耶）に行って、百済と新羅の使人を招集したが、その時の百済の使者の中に、麻那甲背《まなかふはい》という名が見える。この麻那甲背も馬背をいうのだろう。これらより、馬背はこの頃百済の臣となって、親倭国派として活躍していたことが分かる。満智に続く韓子―高麗が『書紀』で影が薄いのは、彼らが倭国に在住していなかったからなのだ。しかし、後に高麗は在日したようだ。

馬背は別名を高麗というが、高麗とは百済系の満智一族の名に似つかわしくないように思われる。しかし「百済本紀」の末尾に、高句麗は高辛《こうしん》氏の末裔とある。陰陽五行思想では高辛氏は木徳の帝王だから、木劦満致の木は木徳を意味し、満致一族が高句麗系の百済人であることを暗示しているとも考えられる。つまり、満致一族は倭国・百済・伽耶（任那)・新羅、さらには高句麗とも関係する、すこぶるつきの国際人だったのだ。もっとも、当時の東アジアの為政者はすべて国際人だったのはいうまでもない。

倭国の土着勢力と結ぶ

ところで、高句麗が高麗《こうらい》という国名になるのは安蔵《あんぞう》王二一(継體一四・五二〇)年である(李殿福《イデンフ》・西川宏《にしかわひろし》訳『高句麗・渤海の考古と歴史』学生社　一九九一年)。安蔵王(在位五一九～三一)は在位中、たえず百済と戦っている。私見(『継体朝とサーサーン朝ペルシア』)では、彼は百済の聖明《せいめい》王と戦い、倭国の継體一族を滅ぼして安閑天皇になった人である。

その安蔵王のときの高麗という国名を名に持つ馬背は、その名からして、百済の臣でありながら密かに安蔵王側にあったのを暗示しているのではないだろうか。

安閑条には全国的に多くの屯倉《みやけ》の設置の記事が見える。雄略朝の満智の三蔵検校に始まって、蘇我一族は伝統的に屯倉の設置に熱心だった。安蔵王(安閑)とともに来日した高麗は屯倉設置に功労があったのではないだろうか。安閑朝はわずか二年間で、『書紀』の安閑条に高麗の名は見えない。しかし彼は、次の宣化《せんか》朝に息子の稲目が、突如として大臣となって登場する布石を敷いたと思う。

稲目が史上に登場したとき、すでに『書紀』で大臣（大臣という官職名がその頃あったかどうかは別問題。大臣に匹敵する地位と解釈する）という重要な地位に就いていたのは、今まで述べたように、高句麗の安蔵王が安閑天皇に転身するとき父親の高麗に功績があり、さらに稲目自身も全国的な屯倉の設置に尽力し、あわせて蘇我氏の勢力を倭国に定着させたという背景があったからだ。稲目の母親は分からないが、妻はすでに大和地方の豪族になっていた葛城《かつらぎ》氏の娘である。このように倭国の土着の勢力と婚姻関係を結んだ稲目の時代から、蘇我氏の時代が始まったのは間違いない。

宣化朝から欽明朝に交代の時期も稲目の力が大きく働いたようで、王朝交代は戦いもなくスムーズに行なわれ、稲目は欽明朝にも大臣として留まった。のみならず、五五四（欽明一五）年の百済聖明王の死後、つまり欽明朝の後半は事実上、国王の実務をこなし、五七〇年の稲目の死をもって欽明朝は終わるのである（『継体朝とサーサーン朝ペルシア』）。

稲目から馬子に代替わりする時期が、百済系の欽明朝から、高句麗系の敏達《びだつ》朝への交替期である。敏達朝には物部氏が武力を蓄え、蘇我氏、物部氏の対立に発展するが、蘇我氏の推《お》す用明朝は対立の渦中にあって短命であり、物部守屋《もりや》の推す穴穂部《あなほべ》も守屋とともに蘇我氏に殺される。次に天皇になったのは、馬子と推古天皇に擁立された崇峻《すしゅん》天皇だったが、これもまた表向き馬子と推古の命によって殺される。

臣下が主上を弑殺《しいさつ》したという、蘇我氏にとって不名誉な伝承を残すことになったのである。

このことは後に、中大兄による蝦夷・入鹿父子殺害を「大化改新」と称して正当化する大きな原因となったのである。

昔からいわれていることだが、私も蘇我一族に関する『書紀』の記載には、明らかに「大化改新」を正当化するための捏造《ねつぞう》があると思う。

蝦夷・入鹿父子はともかくも、稲目は無用な戦いをせず、聖明王亡き後、百済の亡命王子恵《けい》を来日させるなど、『書紀』を見ても仁義に厚い、政治家としての資質を持つ人だった。後に述べるが、馬子も経済力が主体の蘇我氏だけに、多少欲深《よくぶか》な面もあったが、本質的に武力闘争は好まない人だった。馬子には大王になる野心がなく、自らが後盾となっている崇峻を殺さなければならない積極的な理由は見出しがたいのである。したがって崇峻殺害は馬子の自発的な意志ではなく、外部の圧力によって行なわれたのだと思う。

外部の圧力とは当時、高句麗と同盟して隋と戦っていた突厥可汗の達頭《タルドウ》である。達頭はやがて隋に追われ倭国に渡来して聖徳太子になる人だが、倭国で強大な権力を持つ大王の存在を、できるかぎり排除したいという意志を持っていたようである（『聖徳太子の正体』）。崇峻殺害にはそのような背景があった。

崇峻が殺された五九二年以後、いわれるように推古が即位していたかどうか明らかではない。私は現在のところ、対外的には無王の時代、国内では馬子と推古の共同統治時代ではなかったかと考えている。

ところが、まさかと思っていた突厥可汗の達頭が隋に攻められ、高句麗を経て五九九年末に倭国に上陸してくる。そして達頭（『隋書』〈列伝四六・東夷〉では多利思比孤《タリシヒコ》とある）は六〇四（推古一二）年頃に大和に来て、馬子・推古の上に君臨し、倭王として定着する。六〇七（推古一五）年には隋に、使者の小野妹子《おののいもこ》を派遣し、隋からも翌年、使者が来日して、隋との講和が成立し、ここで突厥可汗達頭は倭国王タリシヒコ（聖徳太子）として内外に承認されることになったのだ。

しかし、隋が六一八年に唐の高祖に滅ぼされると、隋と講和していたタリシヒコの立場は微妙になってくる。もともと倭国に地盤があったわけではなく、土着勢力の蘇我氏と隋の承認で成立していた、ある意味では浮草のように不安定な王権だったから、隋という後盾をなくした大王タリシヒコの命運は尽きて当然だったのだ（『聖徳太子の正体』）。

倭国に渡来して強力に倭国を指導し、東アジア全体に睨《にら》みをきかしていたタリシヒコは、あわよくば「中原《ちゅうげん》に鹿を逐《お》う」、つまり、中国の皇帝になる夢を持っていたのではないかと思う。北朝の北魏を建国した鮮卑《せんぴ》も騎馬遊牧民だった。隋も唐も北朝系である。中国では舌を嚙《か》むような騎馬遊牧民風な名の人も、一旦、皇帝となって中国風に高祖《こうそ》とか太《たい》祖《そ》とかいう名を持つと、それなりに納まってしまうのだ。

このように、倭国を東アジアの開かれた国とすべく強力に指導したタリシヒコが去った後、倭国に混乱が起きないわけはないのだ。

「舒明即位前紀」に書かれていること

タリシヒコ（聖徳太子）没後の大王継承争いは『書紀』の推古死後の「舒明即位前紀」に集約されている。「舒明即位前紀」を見て最初に気がつくことは、一般的には蘇我蝦夷は田村《たむら》皇子（舒明）を推挙したといわれているが、蝦夷が田村を推した様子が明確に表われていないということである。そこで、「舒明即位前紀」に見える、舒明即位の経緯を全文紹介したい。

「九月（推古三六〈六二八〉）年に、葬礼は終わった。しかし、皇嗣《こうし》はまだ決まっていなかった。このとき、蝦夷は大臣だったが、自分一人で意中の人物を大王に決めたいと思った。

しかし、群臣《まへつきみたち》が自分の意見に従わないのを恐れて、阿倍《あべ》麻呂[注1]と相談して群臣を自分の邸宅に集め饗宴を催《もよお》した。宴《うたげ》が果てて皆が帰ろうとしたとき、大臣は阿倍麻呂に次のようにいわせた。

注1　阿倍麻呂とは、高向玄理のことである。彼は阿部氏とも書かれている。「まえがき」と「序章」で述べたように、高向玄理は後の孝徳天皇と肝胆《かんたん》相照らす兄弟のような関係であり、孝徳天皇の大化改新を陰で支えた重要な人物である。孝徳天皇（百済義慈王）が唐国に連行された六六〇年頃、玄理は、唐国で唐の裏切り者として獄死したらしい。『書紀』を見ると、玄理（阿部麻呂）は深く蘇我一族の紛争に関与していたことが分かる。

『すでに天皇は崩じられましたが、皇嗣は決まっておりません。もし、早急に決定しないと、おそらく戦乱になりましょう。

どの皇子を天皇にすべきでしょうか。天皇が病床に伏された日に、田村皇子（舒明、私見では百済武王）に、天下を治めることは大任である、簡単に口にするものではない。お前、田村皇子よ。慎んで察せよ。このことを怠《おこた》ってはならないと、詔《みことのり》されました。次に山背《やましろの》大兄王《おほえのみこ》には、お前は一人で騒ぎたててはならない。必ず、群《まへつきみたち》（臣）の言葉に従い、慎んで違《たが》うなといわれました。これが天皇のご遺言です。今、誰を天皇とするべきでしょうか』

そのとき、群臣は押し黙って、誰も答えようとはしなかった。そこで（阿倍麻呂は）再度問うたが、誰も答えない。強《し》いて、また問うた。そこでようやく大伴《おほともの》鯨《くじらの》連《むらじ》が進み出て、『天皇の遺命《のちのおほみこと》に従うのみでありましょう。この上、群（臣）の意見を待つことはありません』といった。

阿倍臣は『それはどういう意味なのですか。打ち明けて話してください』といった。（鯨連は）答えて『天皇はどう思われたのでしょうか。田村皇子に詔して、天下は大任である、怠ってはいけないといわれました。これによっていえば、皇位はすでに（田村皇子に）決定しているのです。誰が異論をとなえましょうや』といった。

このとき、采女臣《うねめのおみ》摩礼志《まれし》・高向臣《たかむくのおみ》宇摩《うま》・中臣連《なかとみのむらじ》彌氣《みけ》・難波吉士《なにはのきし》身刺《むざし》（蘇我石川麻呂の弟の蘇我身刺か）の四人の臣は『大伴連の言葉のままに。異論はありません』と言った。

一方、巨勢臣大麻呂《こせのおみおほまろ》・佐伯連東人《さへきのむらじあづまひと》・紀臣鹽手《きのおみしほて》の三人が進み出て、『山背大兄王を天皇とすべきです』といった。

蘇我倉麻呂《くらまろ》（古注・またの名は雄當《をまさ》）のみは一人、『私は今、簡単にはいえません。よく考えてから後に申しましょう』といった。

そこで、大臣は群臣の意見がまとまらず、事の成りがたいのを知って、その場は引き下がった」

＊

「このことより前に、大臣（馬子か）は一人で境部摩理勢臣《さかひべのまりせのおみ》に『今、天皇が崩じられたが、後継ぎがいない。誰を天皇にすべきか』と聞いたことがあった。摩理勢（馬子の弟）は『山背大兄を推挙して天皇としましょう』と答えた。このとき山背大兄は斑鳩《いかるが》宮にいて、二人の相談を漏れ聞いた。そこで、三国王《みくにのおほきみ》と桜井臣和慈古《さくらいのおみわじこ》の二人を密かに大臣の元に遣わし、『風聞によると、叔父たちは田村皇子をもって天皇としようとしているとのことです。しかし私はこれにはどう考えても納得がいきません。願わくば、道理を明らかにした叔父たちの意見を知りたいものです』といわせた。

この山背大兄の言葉を聞いた大臣は一人で返事をすることができず、阿倍臣・中臣連・

紀臣・高向臣・采女臣・大伴連・巨勢臣らを喚《よ》んで、詳しく山背大兄の申し入れを話した。

　そうして大夫たちに『大夫たちは一緒に斑鳩宮に行って、直接、山背大兄に、このように申し上げてくれ。賤臣《やつこらま》（私）がどうして、簡単に独断で皇嗣を決めましょうや。ただ天皇の遺詔《のちのみことのり》を群臣に告げたまでのことです。群臣はそれぞれに、ご遺言の通りならば田村皇子がおのずから、嗣位《ひつぎのくらゐ》にあたられましょう、誰が異論を唱えましょうやといいました。これは臣《やつがれ》（私）一人の意見ではありません。ただし、臣（私）個人の意見は別にありますが、はばかりがあって人づてにいうわけには参《まい》りません。直接、お目にかかったときに申し上げましょう。そのように申せ』といった。そこで群大夫《まへつきみたち》等は大臣の言葉を持って斑鳩宮に出かけ、三国王と桜井臣を通して大臣の言葉を山背大兄王に申し上げた。

　これに対して、山背大兄王は群臣に三国王らを通して、『天皇の遺詔とはどのようなものか』と聞いた。（群臣は）次のように答えた。『臣等《やつこらま》は詳しいことは知りません。ただし、大臣の語ったことを伝えますと、天皇が病に倒れられた日に、田村皇子に、軽々しく国政の将来をいうものではない。それ故に、田村皇子よ。慎んでものをいえ。怠ってはいけないといわれました。次に大兄王に詔して、お前は未熟だから、騒ぎ立ててものをいうな。必ず、群臣の意見に従えといわれました。これは、そば近くにいた女王《ひめおほきみ》や采女たち全員が知っていることです。また大王[注2]（山背）が知っていらっしゃることでもあります』

（※注の解説は67ページ）

この答えに大兄王は『この遺詔はもっぱら誰が聞いていたのか』と、ふたたび問わせた。（群臣らは）『遺詔が秘密とは知りませんでした』と答える。そこで、（山背は）さらに群大夫らに告げさせていった。

『親愛な叔父たちが私の苦労を思って一使者ではなく、重臣《かしこきまへつきみ》を遣わして教え諭《さと》すのは、大いなる恩恵である。しかし、今、群卿《まへつきみ》がいう天皇の遺命《のちのおほみこと》と、私が聞いたものとは、少し違っている。私は天皇が病に倒れられたと聞いて馳《は》せ上って宮城の門に来たところ、中臣彌氣《みけ》が宮中から出てきて、天皇の命令により、お呼びしましたといった。それから宮城の中の門に行くと、栗隈采女黒女《くるくまのうねめのくろめ》が庭に迎えて大殿《おほどの》に私を導いた。ここには、そば近く仕える栗下女王《くるもとのひめみこ》を主にして女孺《めのわらは》の鮪女《しびめ》ら八人、合わせて数十人が天皇のそばに侍っていた。また田村皇子もおられた。このときは天皇の病は重く、私をご覧になることもできなかった。

そこで栗下女王がお呼びの山背大兄が参りましたといわれると、天皇は起き上がられていわれた。私は寡薄《いやしきみ》(の身)をもって、久しく大業《あまつひつぎ》についていた。しかし今その命運も尽きようとしている。病は避けるわけにはいかない。故にいうが、お前はもとからの私の心腹《しんぷく》である。私が愛する心は他と比べようがない。国家の大基《おおきなること》は私の治世の間だけのことではない。もとより努めよ。お前は未熟者といっても慎んでものをいえ、といわれた。この時にそば近くに侍っていた者は皆知っている。故に私はこの大恩を蒙《こうむ》って、ひとたびはおそれ、ひとたびは(天皇の死を)悲しんだ。しかし、躍り上がりたいほどうれしく、どうしようもなかった。

　しかし、社稷宗廟《くにいへ》(国家、朝廷のこと)の荷は重い。私は若くて賢くもないのだから、どうして一人で事に当たれようか。このとき、叔父たちや群臣に(天皇の遺言を)話そうと思った。しかし、いうべきときがなかったので、今までいわなかっただけである。

　私はかつて、叔父の病気を見舞いに京に行って豊浦寺《とゆら》にいた。この日に天皇は八《や》口《くちの》采女鮪女を遣わして、お前の叔父の大臣は常にお前のことを心配している。一〇〇年の後には皇位はお前に当たるではないか。故に慎んで自愛せよといわれた。このことは明らかな事実だ。何を疑おうか。とはいっても、私は天下を貪《むさぼ》ろうとしているのではない。ただ聞いたことを公表しただけだ。天神地祇《あまつかみくにつかみ》もともに証明している。

　これをもって、何が正しい天皇の遺勅であるかを知って欲しいのだ。大臣の遣わした群卿は、もとより厳矛《いかしほこ》（神の意志）を取り持つ人のごとく公正に奏上する人たちなのだから、叔父たちによく伝えてくれ』

　その前に、初（泊）瀬仲王は別に中臣連と河邊臣を呼んで『我らが父子《かぞこ》は蘇我の出自だ。それは皆が知っている。このことを高山のように頼りにしている。頼むから嗣位のことは軽々しくいわないでくれ』といった。

（山背は）三国王と桜井臣を（大臣が山背に遣わした）群臣につけて（大臣のもとに）やり、『返事を聞きたい』といわせた。それに対して大臣は紀臣と大伴連を遣わせて『先日、申し上げました通りで、違ったことはありません。けれども私がどうして、どの王を軽く見、どの王を重く見るなどということがありましょうか』といわせた。

　数日を経て、山背はまた、桜井臣を遣わして大臣に告げて『先日のことは私が聞いたことを述べたまでだ。叔父には違う意見があるのだろうか』といわせた。

　この日、大臣は病になり、直接、桜井臣に話すことができなかった。あくる日、大臣は桜井臣を呼び、阿倍臣・中臣連・河邊臣・小墾田臣・大伴連を山背大兄のもとに遣わせていわせた。『欽明天皇より今の世に至るまで、群卿はみな賢明な人ばかりです。ただ、今、大臣である私は賢明でないにもかかわらず、人材が乏しいために間違って群臣の上にいるにすぎません。ですから、私は（皇嗣を）決めることができないのです。けれども、これは重要なことです。伝言で伝えるわけにはいきません。故に老臣《おきな》は病気がちとはいえ、直接に申し上げます。ただ、遺勅に違《たが》うことはありません。臣《やつがれ》の私意でもありません』

＊＊

それから、大臣は阿倍臣（高向玄理）・中臣連にことづけて境部臣（摩理勢）に『どの王を天皇にしようか』と問わせた。（摩理勢が）答えていうには『前に大臣が直接聞いたときに私は申し上げている。今さら伝言でいうわけはないではないか』、そういうと大いに怒って席を立って行ってしまった。

このときはちょうど、蘇我氏の親戚一族がことごとく集まって嶋大臣（馬子）の墓を造り、墓所《はかどころ》を宿舎としていた。摩理勢は墓所の自分用の小屋を壊して蘇我の自宅に帰ってしまったのである。

そこで大臣は大いに怒って身狭君勝牛《むさのきみかつし》（蘇我身刺と同一人か）と錦織首赤猪《にしこりのおびとあかい》とを遣わして次のように諭した。

『わしはお前に非があることは知っているが、お前が一族の長老（蝦夷の叔父）という義理があるが故に殺せないのだ。ただし、他人が悪くお前が正しいなら、私は必ず、他人に逆らってでもお前に従う。もし、他人が良くて、お前が悪いなら私はお前に背《そむ》いて他人に従うだろう。お前が悪いにもかかわらず他に従わないなら、私とお前の間は割れて仲違いすることになろう。そこで国に戦乱が起こることになる。そうなると、後世の人は我々二人が国を破ったというだろう。これは後世に悪名を残すことになる。お前は慎んで逆心を起こすな』

しかし、（摩理勢は）なお従わず、ついに斑鳩に行って泊瀬王の宮に住み込んだ。そこで大臣はますます怒り、群卿を遣わして山背大兄に『この頃、摩理勢が臣（私）の命令に背いて泊瀬宮に隠れました。お願いですから摩理勢を引き渡してください。ことのよしあしを誰何《すいか》しようと思います』といわせた。

それに対して大兄王（山背）は『摩理勢はもとから聖皇[注2]（タリシヒコ）が可愛がっていた者だ。こうして、ここにいるのもしばらくの間来ているだけのことだ。どうして叔父の心情に違うことがあるものか。咎《とが》めだてしないように願う』と答えた。

それから摩理勢に、こう告げた。

『お前が先王[注2]（タリシヒコ）の恩を忘れずにやって来たことは、はなはだ可愛いと思う。

しかしお前一人によって天下は乱れるだろう。先王が亡くなられるとき、子どもたちに、諸悪をするな。善行をせよといわれた。

私はこの言葉を承《うけたまわ》って、一生の戒《いまし》めとしている。このことから、私情はあるけれども忍んで恨んだりはしない。また私は叔父（蝦夷）の命令に背くことはできないのだ。頼むから今から後は、憚《はばか》ることなく改心してくれ。群（臣）に従って墓所を退去するな』

大夫たちも『大兄王の命令に背いてはならない』といったから、摩理勢は行く先がなくなった。そこで泣きながら自宅に引き返して一〇日あまり経つうちに、泊瀬王が急病で死んだ。そこで、摩理勢は『生きていても頼りにする人がいない』といった。

大臣は摩理勢を殺そうとして軍兵を遣わした。境部臣（摩理勢）は軍兵が来ることを聞いて、次男の阿椰《あや》を率いて門の前に出て、胡床《あぐら》（椅子）に座って待っていた。この時、軍勢が押し寄せ、大臣は来目物部伊區比《くめのもののべのいくひ》に命じて首を絞めて殺させた。摩理勢父子はともに死に、同じ場所に埋葬された。ただし、長男の毛津《けつ》だけは尼寺に逃げ込んで、一人二人の尼を犯した。そこで一人の尼が嫉妬して表沙汰にしたから、軍勢が寺を包囲し（毛津を）捕らえようとした。（毛津は）寺を出て畝傍《うねび》山に入ったので、（軍勢は）山の中を探した。毛津は逃げる場所がなくなり首を刺して山中で自殺した。時の人が歌っていった。

畝傍山木立薄けど頼みかも
毛津の若子《わくご》の籠《こも》らせりけむ

＊＊＊

元年春正月四日に大臣及び群卿が、ともに天皇の璽印《みしるし》を田村皇子に奉《たてまつ》った。（田村は）辞退して『宗廟《くにいへ》は重い任務であり、寡人《おのれ》は未熟者である。どうして位に即《つ》けようか』といわれた。群臣たちは伏して固く要請して『大王《きみ》こそは先朝[注2]（タリシヒコ）が鍾愛《しょうあい》なさった方です。神も人も（あなたに）心を寄せています。皇統を継がれて万民を照らし、統治なさいますよう』といった。（田村皇子は）その日に皇位に即いた」

注2　河村秀根《かわむらひでね》（『書紀集解』江戸時代）は、「先王」は聖徳太子をいうとする。そうなると当然、この場合、「聖皇」「先朝」もタリシヒコである。山背を大王と称している例といい、『書紀』は故意か単なるミスか、推古朝ではタリシヒコが大王であり、山背も大王だった実態を垣間《かいま》見せている（ここまでの四カ所の注について）。

皇位争いの〝第三の人物〟

以上が「舒明即位前紀」の記述だが、ここで、側点《そくてん》（○○）をつけた大臣を馬子に、つけない大臣を蝦夷、側点をつけた天皇をタリシヒコ、つけない天皇を推古に、泊瀬王を推古の子、竹田《たけだ》皇子に比定して、もう一度、この「舒明即位前紀」を読んでいただきたい。今まで何か分かりにくく、もやもやとしていたのが、すっきりとするだろう。それとともに、田村と山背との二人だけの皇位争いと思っていたのに、泊瀬王が一枚加わっていることもお分かりになるだろう。

この「前紀」が語っていることは順次、明らかにするとして、まず誰もが不審に思うのは、馬子が摩理勢に天皇は誰にするか聞いたとき、摩理勢が山背と答えている条である。二人の密談を知った山背が、田村を即位させようとしていると馬子を詰問《きつもん》している。摩理勢が山背を推挙しているのに田村を推挙したとして文句をいうこの条は、明らかに矛盾している。山背を推薦したのなら山背が異議を唱えるはずはない。馬子にはまず、田村即位の意志があったのだ。

実はこの「前紀」は、「このことより前に」（＊印）以後、「臣の私意でもありません」という馬子の言葉まで（＊＊印まで）は、馬子の生前、また「それから大臣は」から毛津の死まで（＊＊＊印まで）は蝦夷と摩理勢の争い、その後は田村の即位に至る推移という構図になっている。つまり、最初の蝦夷が群臣を召集した宴の場面から、最後の田村皇子の即位の条が時間的に直接つながるのだ。

タリシヒコが倭国を去っていなくなれば、ただちに後継者争いが起こってくるのは当然である。したがってそこで登場する大臣は蝦夷ではなく馬子なのである。それは大臣が「老臣《おきな》は病弱といえども」とみずから老臣と称していることからも明らかである。『扶桑《ふそう》略記《りやつき》』（皇円　一二世紀）によると、推古一八（六一〇）年のとき、馬子が六〇歳、蝦夷が二五歳だったという。そうすると馬子の死んだ推古三四（六二六）年には馬子が七六歳、蝦夷が四一歳だから、馬子は老臣というにふさわしい。『扶桑略記』を考慮しなくても、馬子が存命中であれば「老臣」とは馬子の自称に間違いない。

したがって、蝦夷が群臣に相談して、意見の一致が見られないと退出した最初の場面から、そのまま田村の即位につながるのである。

その間に挿入された泊瀬王＝摩理勢のクーデター事件が、タリシヒコの倭国出発直後の推古三〇（六二二）年から推古三六（六二八）年の推古の死までの間に起こったことであるのは、その舞台が推古三四（六二六）年に死んだ馬子の墓所であることからも理解されよう。

まず初めに、山背と泊瀬王の皇位継承争いがあったのだ。こういうと、摩理勢は山背の説得を聞いて泊瀬王邸を引き揚げた、と即位前紀にあるではないかという意見があると思う。しかし泊瀬王が死んだとき、摩理勢は「もう頼る人はいない」と死を覚悟した言葉を吐いている。もし、摩理勢が本当に山背側なら、山背のために追われたのだから、泊瀬王が死んだからには山背を頼っていいはずではないか。しかし、彼は、それをしていない。摩理勢は泊瀬王邸に立てこもっていた。

　これは、あくまでも想像だが、蝦夷が泊瀬王に「摩理勢を引き渡せば泊瀬王を即位させる」という密約を申し入れたのではないかと思う。蝦夷としては、泊瀬王に弓を引きたくはないという事情があったのであろう。真《ま》に受けた泊瀬王は摩理勢をむりやり退去させる。しかし、泊瀬王はわずか一〇日あまりで死んでしまう。泊瀬王が死ねば蝦夷は約束を違えることなく、朝敵にならずに摩理勢を殺すことができるのである。

　王位を狙った泊（初）瀬王とは何者か。普通には『上宮《じょうぐう》聖徳法王帝説』（八世紀）に見えるタリシヒコと膳部加多夫古臣《かしはでのかたぶこのおみ》の娘・菩岐岐美郎女《ほききみのいらつめ》との間に生まれた長谷王《はつせのおほきみ》と考えられている。長谷王ならば山背の母は馬子の娘・刀自古郎女《とじこのいらつめ》だから山背の異母弟ということになる。しかし一応、泊瀬王と長谷の字の違いも考慮しなければいけないし、何よりも泊瀬王が「我ら父子は蘇我より出たことは誰もが知っている」といっているのがおかしい。山背は確かに馬子の娘が母親だから、間違いなく蘇我一族だが泊瀬王は違う。そこで長谷＝泊瀬王を解消すると、浮かび上がってくるのが、推古の息子の竹田皇子なのである。

竹田は敏達と推古の息子という大王の座も望める生まれでありながら、対物部氏との戦いに参加したこと、物部守屋が彦人皇子と竹田の像を作って呪《のろ》ったこと、推古の墓に合葬されたとあるだけの、いつ死んだのか明らかでない影のような人物である。

泊瀬王が竹田とすると、推古三四年の馬子の死と二年後の推古の死との間に死んだことになり、推古と合葬されるのもむべなるかなという気がする。それどころか、推古は泊瀬王と同時に死んだ可能性もあると私は思う。

それは後述する馬子と推古の争いから割り出された結論だが、今は推古の後押しで竹田が皇位を望んでいたと考えられることだけを記憶に留めておいていただきたい。

『書紀』は推古＝泊瀬王の事件を抹殺するために、山背と田村の皇位争いに置き換えた。しかし、読んでみて分かる通り、辻褄《つじつま》の合わない箇所が残ってしまったのである。

天皇の遺言――その言葉の主は誰なのか

馬子が生きていた頃から皇位継承争いがあったとしたら、「舒明即位前紀」のほとんどを占めて紛争の種になっている天皇の遺言は、推古の言葉ではないことになる。「舒明即位前紀」を読めば分かるが、その通り、推古ではない。天皇の遺勅とは、実はタリシヒコの言葉なのである。

疑われるなら、もう一度、遺言の箇所を読んでいただきたい。女帝推古でなければならない箇所は何もないのだ。

遺言の内容も、蘇我馬子・蝦夷と山背の解釈が違って対立するのだが、私は山背が真実を述べていると思う。山背の証言によると、田村は天皇の臨終の席にいたというだけで、遺言は山背だけに伝えられている。タリシヒコの胸中には山背以外の倭王はいなかったと思う。私見（『継体朝とサーサーン朝ペルシア』）では百済の武王でもある田村に山背の後見を頼んだのを、馬子が故意に曲解し、言を左右にして山背の即位を引き延ばしていたと見る。

唐国から帰国した高向玄理（「舒明即位前紀」にある高向臣宇摩）に代表される親唐派は、山背王朝になって唐国から使者を迎えている。このことから見て、山背大王に異存はなく、他の群臣もそうだったようだ。

これは「舒明即位前紀」で田村を推挙した高向宇摩・中臣彌氣らと、山背を推挙した紀臣鹽手がともに馬子の要請で、山背のところに使者として出かけていることからも想像される。山背と田村との間には多少の意見の相違はあったかもしれないが、田村が山背大王に反対ではなかったことは後述する三国との攻防で明らかにしたい。

『扶桑略記』には、蘇我大臣は「大兄王をもって帝位を継がんと欲す」とある。「舒明即位前紀」では大兄王は山背をいうから、馬子が田村を推していたとするなら、馬子の生前に山背即位を阻んだのは泊瀬王以外に考えられない。だが蝦夷の意志は明らかに田村ではない。そして彼の場合、すでに泊瀬王は死んでいる。

群臣の意向はタリシヒコの遺言通り、武王（田村）後見による山背大王であるから、山背即位を邪魔する者はいないはずだ。

私は、蝦夷の意向は従来いわれているように、舒明（田村）と馬子の娘法提郎媛《ほほてのいらつめ》との間の子である古人即位にあったと思う。古人は大化元年九月条の古注に、吉野大兄王とも書かれているから、馬子の意中にあった大兄王も山背とは限らず古人だったかもしれない。後に入鹿が決行する山背殺害の直接の原因が、古人即位の強行にあった。もともと、蘇我本宗家は古人即位に執念を燃やしていたともいえるのではないか。古人即位に父親の舒明（田村）が反対のはずはない。そこで、「山背大王、古人皇太子」の妥協案が成立したと思われる。

大王位をめぐる蘇我一族の私闘

しかし、これですべてが解決したわけではなかった。蝦夷の開いた会議の座の中で、確答を避けた人に蘇我倉麻呂（雄當）がいる。

倉麻呂は『蘇我石川両氏系図』などによると、倉山田石川麻呂の父親ということになっている。しかし、河村秀根（『書紀集解』）は馬子の子の倉山田麻呂の子とし、馬子の孫としている。馬子の孫は石川麻呂である。

だいたい倉麻呂とか倉山田とか名前が紛《まぎ》らわしいが、日野昭《ひのあきら》（『日本古代氏族伝承の研究』永田文昌堂　一九七一年）は、倉麻呂の倉は蘇我・倉という複合の氏名かもしれず、倉麻呂と石川麻呂はともに麻呂という名で、実は父子ではなく同一人物ではなかったかという意見であるが、情勢の推移から見てもその説は正しいと思う。

孝徳朝に右大臣になる石川麻呂は、蘇我一族の長老だった馬子の弟の境部摩理勢亡き後、馬子・蝦夷の蘇我本宗家に次ぐ勢力を持っていた。蘇我本宗家が滅ぼされた「乙巳の変」の後、孝徳朝では蘇我氏一族を代表して右大臣[注3]という要職に就いている。

後述するが、石川麻呂は「舒明前紀」のこの時点で、すでに孝徳擁立を考えていたと思われる。蝦夷が意見の不一致を理由に山背即位決定を保留したのは、田村が原因ではなく、石川麻呂との対立があったからである。つまり、皇位継承の争いは前半の馬子の田村(舒明)対摩理勢の竹田擁立、後半の蝦夷が擁立を望んだ古人対石川麻呂の孝徳即位という蘇我氏一族の私闘でもあったのだ。

注3　『書紀』孝徳(大化)元年条に左大臣に阿倍倉梯《くらはし》麻呂、右大臣に石川麻呂がなったとある。倉梯麻呂は阿倍麻呂の息子と考えられるが、石川麻呂のように、当時の倭国随一の経済力を持った豪族ではなく、孝徳朝の官僚とした方がふさわしい人物である。
日本では普通、左大臣が上位といわれている。しかし、私は最近、平安時代以後はそうかもしれないが、孝徳朝では、右大臣こそ上位で実権を持った人がなり、左大臣は右大臣に次ぐ人がなったのではないかと考えるようになった。そして奈良時代以後は、左大臣は実権を持たないが、形式的に上位の人で、平安時代以後に左大臣が名実ともに上位になったのではないかと思うようになった。藤原不比等《ふひと》が最後まで右大臣だったのは

右のような理由によるのではないだろうか。

もともと儒教では『書経』（畢命編《ひつめいへん》・五経の一つ、孔子編といわれるが成立年代不明）に「四夷《い》（東夷・西戎《じゅう》・南蛮《ばん》・北狄《てき》）は左衽《さじん》す」とあるように、左は周辺の野蛮人を意味し、左を重んじる道教を左道といって嫌った。しかし、漢高祖は儒教よりも道教に親しみを持った人だったが、その高祖にみずからを擬す天武（大海人）は陰陽五行思想の木徳の王をもって任じた。木徳は方向では左で表わされるから、天武朝を通じて左が重んじられたようである（拙著『白村江の戦いと壬申の乱』現代思潮社　一九八七年）。

天武朝の遺風が日本では平安時代以後も続いて、左大臣が上位というのが定着したのではないだろうか。

聖徳太子の影武者

タリシヒコ（聖徳太子）が五九九年末に来日する前から、事実上倭国を支配していた蘇我氏を代表する馬子が田村即位を希望していたとするなら、ただちに田村大王が実現するはずである。馬子が倭国の実権を握っていながら、それができないのは当時の国際情勢にあった。

タリシヒコは遼東《りょうとう》を通り、高句麗から百済を経て倭国に上陸するコースを採《と》ったと思われるが、倭国に到着する前に一時、百済に留まったようだ。

五九九年一二月から翌年の六〇〇年五月までの半年間の百済王は法王といった。タリシヒコは『上宮聖徳法王帝説』という書名からも分かるように法王とも呼ばれていた。最も古い史料の一つである『伊豫《いよ》風土記』に引用された伊豫温泉碑（湯岡《ゆのおか》碑文）にもタリシヒコは法王とある。今まではタリシヒコの仏教信仰への傾斜から法王と呼ばれたと解釈され、同時代の百済法王との関係は誰も考えなかった。

百済の法王が短い治世の中でしたことは、殺生を禁じたこと、寺院を建立して僧侶を出家させたという仏教に関係することだけであった。それらから、私はタリシヒコが、倭国に至る途上、百済に立ち寄り、法王として名を留め、それが伊豫温泉碑などに残されているると解釈した（前掲『聖徳太子の正体』）。

タリシヒコの法王は次の百済王に武王を指名した後、来日したようである。タリシヒコの在世中の倭国と百済の関係は極めてよく、『隋書』（列伝四六・東夷）などによると、武王は隋に臣従するふりをしながら高句麗を助けていたとある。当時、高句麗・百済とタリシヒコの倭国が連合して隋に反抗したために、煬帝《ようだい》による高句麗征伐が実行されたのである。

彼は都の南にある池（おそらくは金馬渚《きんばしょ》・全羅北道益山《イクサン》市金馬面）の龍から生まれたという伝承を持ち、妃は新羅真平《しんぺい》王の娘といわれている（一然『三国遺事』巻二・一三世紀）。漢高祖がそうであるように、龍などの架空の動物を親とする伝承を持つ王は血統的には王たる資格がなく、実力で為政者になった場合が多い。おそらくタリシヒコは武王の人格と資質を買って百済王に抜擢したと見える。武王はタリシヒコの抜擢に恩恵を感じたらしく、タリシヒコに忠誠を尽くし、タリシヒコのことはもちろん、よくタリシヒコの子である山背倭王をバックアップしたようだった。

私は以上のように解釈していたのだが、その後の知見で、武王は若き日のタリシヒコ（達頭）が新羅征伐に遠征したときになした子であることが分かった。したがって武王の誕生は五七六年あたりになる。

武王は『書紀』では舒明（田村）朝として投影されている。それは武王が死んだ六四〇年に舒明朝が終わり、間もなく山背が殺されることからも証明されよう（拙著『倭王たちの七世紀』）。

田村皇子は彦人大兄の子ということになっている。彦人は敏達の長子ということになっており、皇位継承順位は一位のはずだが、ほとんど『書紀』には登場せず、影の薄い人物である。私はこの彦人を、タリシヒコが来日前に倭国へ政治的影響を及ぼしていたことを語るためにだけ『書紀』が創作した架空の人物だったと考えている。つまり、彦人は『書紀』にタリシヒコの影武者として登場する実体のない名前だけの存在なのである。『書紀』は天皇のように絶対に正しくあらねばならない人物が、常識として都合の悪いことをした場合、また知られたくない過去の行ないを隠したいが史実は残さなければならないとき、しばしば変名や当て字を用いる。

これは『記紀』の一つの大きな特徴である。『書紀』としては、突厥可汗達頭が倭国へ政治的影響を及ぼしたなどということは、八世紀初めの万世一系の定着する時代にはとても書けない。そこで彦人というタリシヒコの仮装人物名を創作したと推測される。

タリシヒコとヒコヒト（彦人）にはヒコという一脈の共通点がある。何々ヒコと終わりにヒコがつく人名は神代紀の人物から始まるが、もしかするとそれもタリシヒコに始まった比較的新しい人名かもしれない。ともあれ、タリシヒコが彦人と同一人物であるとすると、彦人の息子である田村は父親において、武王と矛盾しないのである。

田村は聖徳太子（タリシヒコ）が死ぬとき、熊凝《くまごり》道場を遺言によって継承し、寺院を建立することを約束する（『大安寺伽藍縁起』七四七年）。

熊凝道場の所在地については定説はない。武王は金馬渚に弥勒《みろく》寺を建立するが、朝鮮語の金（金馬）、ｋｏｍは昔から地名に同音の熊の字が使われる場合が多いという（都守熙「金馬渚について」所収『百済史の研究』国書刊行会　昭和三八年）。「凝」も「渚」も水の溜《た》まった場所を意味するから、熊凝と金馬渚は同じ意味になるのだ。そこで金馬渚の弥勒寺はタリシヒコの命令によって武王が建立したことが分かるのである。

舒明（田村）は『書紀』から見ても百済宮で死に、百済の大殯《おおもがり》をしたとあるように、きわめて百済指向が強いようにみえる。

以上の理由により、舒明（田村）朝は百済の武王が倭国に投影されたものであり、『書紀』が山背王朝を史上から抹消するために、創作したものと結論される。では何のために。それは今でこそ山背殺害は『書紀』の記載通り、蘇我入鹿の単独犯行とされているが、事件から一〇〇年も経ていない八世紀初めには、山背殺害に孝徳と大海人（天武）皇子が関わっていたことは公然の秘密だったからだ。山背が大王であるなら、大王を弑殺《しいさつ》して大王となった大海人らは簒奪《さんだつ》者であり、万世一系思想にも抵触するではないか。そこで

『書紀』は、どうしても山背王朝を史実として残すわけにはいかなかったのである。

『書紀』では舒明朝があったように書かれているが、結局のところ、タリシヒコの意志どおり形の上では山背王朝が存続し、大和地方の実権は藤原氏がしっかり握っていた。それが、山背王朝が滅びる六四四年までの情勢だった。

唐と半島三国の攻防

さて、『書紀』がいうタリシヒコの死の前後の推古二九（六二一）年から今一度『書紀』を検証しよう。

推古二九年是歳条に、「新羅が奈末伊弥買《なまいみばい》を朝貢させ、上書して使いの要旨を奏した。凡《およ》そ新羅の上表はこのときに始まるか」とある。「新羅本紀」（『三国史記』）には、同年七月、新羅は唐国に朝貢したところ、高祖は親しく新羅の使者をねぎらい、通直散騎常侍《つうちよくさんきじようじ》（皇帝の側近）の庾文素《ゆぶんそ》に璽書《じしよ》と錦などの土産物を持たせて新羅に行かせたという。この新羅に行った唐国の使者が『書紀』に見える新羅使人に同行していたのか、あるいは新羅使人にことづけたのかは決め難《がた》いが、いずれにしろ新羅使人の上表文とは高祖の璽書だったのである。なぜなら推古二九年の新羅使人は天武八年条の新羅使人と対応しているからである。

天武八（六七九）年一〇月条に新羅使者が来日して多くの贈物をしたが、そのなかでも天皇・皇后・皇太子に旗を贈ったとあるのが注目される。

旗とはその人の地位と名を表わす重要な印であることはいうまでもない。例として挙げると、唐国は達頭ことタリシヒコに旗を贈って可汗として承認し、懐柔している（司馬光《しばこう》『資治通鑑《しじつがん》』陳紀九・一二世紀）。

新羅使者が天皇などに旗を贈ったとある同じ年の六七九年八月、「新羅本紀」には「東宮を創建した」と見える。このことは唐国に反抗的な新羅・文武《ぶんぶ》王が、高祖から強制的に皇太子（神文《しんぶん》王）を決めさせられ、引退を要請されたと解釈されるのだ。この新羅に使いした唐国使者が、天武八年一〇月に新羅人について密かに来日したか、新羅使者のみの来日だったかは分からないが、少なくとも高祖の意志、つまり倭国にも天武の引退と大津《おおつ》皇子の立太子を勧告したと解釈した（拙著『高松塚被葬者考』現代思潮社　一九八八年）。

このことから、推古二九年条の「新羅の上表はこのときに始まるか」という記述は、唐国が新羅を通じて倭国に内政干渉をするのが推古二九年に始まる、という意味と理解されるのだ。

唐国の介入とは、タリシヒコの倭国追放の要請だったことに、まず間違いない。

タリシヒコは隋と対立し、隋に追われて来日したのだったが、推古一五（六〇七）年の小野妹子の隋への派遣、翌年の隋の使者裴世清《はいせいせい》の来日によって、隋とタリシヒコとの間には講和が成立したのだった。

しかし、六一八（推古二六）年に煬帝が殺されて隋は滅びる。『聖徳太子伝暦《でんりやく》』（九九二〈正暦《しょうりゃく》三〉年頃か）には、タリシヒコが隋に援軍を出すのを求め、馬子に止められている条がある。タリシヒコとしては、ほとんど対等の関係で隋と講和し、倭国王として承認されたからには、ただちにその隋を討った唐国に臣従の態度を表するのはためらわれたのであろう。

高句麗の嬰陽王は煬帝の死んだ六一八年に死に、跡を継いだ栄留王は唐国に臣従の態度をとり続ける。百済は六一六年より断続的に新羅と戦っている。その新羅は隋・唐に関係なく、高句麗・百済・倭国に包囲された形だったから、常に親中国であり続けていたのだった。故に隋が滅びる直前からの百済と新羅の戦いの背後には、百済をバックアップするタリシヒコ倭国と高句麗、新羅を後押しする唐があったのだ。そこで煬帝が死んで三年経ち、建国の基礎も固まったので、唐国は臣従しないタリシヒコの追放を求めて来日したと見られる（拙著『聖徳太子の正体』）。

推古三一（六二三）[注4]年七月条に新羅の使者が来日して、仏像や仏具を贈って来たとある。新羅使人とともに、唐国から学者僧の恵斉《えさい》・恵光《えこう》、医者の恵日《えにち》が来日し、推古一六年に入唐していた福因《ふくいん》も帰国したとある。彼らは唐国の倭国への政治介入のために来日したのである。『書紀』には、恵日らは早速、唐国の留学生はすでに学業が成就しているから帰国させること、唐国は法式が整った文化国家（法式備定之珍国也）だから常に往来するようにと忠告したとある。

注4　『書紀』では推古三〇年は空白で記述がない。推古三一年は干支《えと》が記載されていない。推古三一年四月の干支は丙午で推古三一（六二三）年に該当する。推古三三年一月朔は壬申で、推古三二（六二四）年にあたる。つまり一年ずつ、繰り上がっている。タリシヒコの亡命の前後だから混乱したのだろう。

干支より見ると、推古三〇年は六二二年で、この年はタリシヒコが亡命したとされる年であり、同時に大海人が生まれた年である。

百済派vs.新羅派

この年の秋、百済と新羅は交戦しているが、『書紀』には次のような条がある。新羅が任那を征討したが、このとき新羅を攻めて百済を助けるべしという百済派の中臣連国《むらじくに》（彌氣の弟）と、まず使者を出して様子を聞くべきだという対新羅戦に消極的な田中臣《たなかのおみ》の意見が対立する。田中臣の意見は、百済は「反覆之国」、つまり寝返りをする信じるに足りない国だから、加担すべきではないというのである。『新撰姓氏録』（右京皇別上）に田中朝臣は稲目の後とあるから馬子の兄弟、つまり馬子の弟摩理勢と思われる。

そこで、任那と百済にそれぞれ使者を送って様子を聞かせるが、その使者らが帰国しないうちに、境部雄摩侶《をまろ》（河村秀根〈『書紀集解』〉は摩理勢の別名とする）と中臣連国を大将軍として新羅に出兵する。新羅は倭国から軍兵が来たのを見て戦わず降伏した。人々は、摩理勢（田中朝臣）が当初新羅攻撃に消極的だったのは、出兵の前に境部臣（摩理勢）と阿曇連《あづみのむらじ》が新羅から前もって多くの収賄をしていたからだと噂したという。このように、当時、摩理勢は親新羅派ということになっていたようである。百済と新羅が戦っている背後の倭国では、百済派の中臣氏と新羅派の摩理勢との対立があったのだ。

翌六二四年正月に唐国は初めて栄留王《えいるおう》を高句麗王に、武王《ぶおう》を百済王に、真平王《しんぺいおう》を新羅王にそれぞれ冊封《さくほう》する。一〇月には百済が新羅を攻撃し、三城を陥落させた。
同年推古三二年四月条に、百済僧の観勒《くわんろく》が僧や尼の処罰を軽くするように上表したので朝廷は観勒を僧正にしたとある。朝廷とは馬子をいい、馬子が百済僧を僧侶の最高位である僧正に任命したことは、馬子が百済寄りであったのを感じさせる。それは一〇月、すなわち百済が新羅に攻め込んだ月に、推古に葛城県（天皇の直轄領の一つ）の割譲を求めていることによって裏づけられる。つまり、百済の軍事力を背景に推古に葛城県の割譲を求めたのである。馬子の要求を推古は断固拒絶する。ここに馬子と推古の対立が見られるが、推古が反馬子であれば、当然推古は反百済であり、新羅に近い摩理勢との共闘が考えられる。摩理勢が泊瀬王の倭王実現のために働いたこと、泊瀬王が推古の息子の竹田皇子らしいことはすでに述べた。このようなところにも推古＝泊瀬（竹田）＝摩理勢のラインがほの見えるのである。

　ところが、それまでの百済と新羅の争いに高句麗が介入してくる。翌推古三三（六二五）年正月条に高麗王が僧の恵灌《ゑくわん》を送ってきたとある。そして恵灌は僧正になったという。

　先年、百済の観勒が僧正になったばかりだから、ここで僧正が二人になったことになる。

「高句麗本紀」には六二四年・六二五年と盛んに唐国に使者を送って暦法や道教・仏教の教えを乞《こ》うたとあるから、来日した高句麗僧も中国系の人かもしれない。いずれにしても、恵灌は高句麗の意向を体《てい》しての来日だったに間違いない。

この高句麗の倭国介入に対して、早速、同年一一月に新羅が、翌年の六二六年には百済が、唐国に「高句麗が朝貢の道を遮《さえぎ》る」と訴え、高祖は朱子奢《しゅししゃ》という人を遣わして両国をなだめている。

そこで高句麗の栄留王はただちに上表して、高祖に謝罪している。しかし、栄留王は終生親唐派の人だったから、高句麗の倭国への介入には、何らかの唐国の承認があってのことかもしれない。ただし、六二六（武徳九）年八月に高祖は次男の太宗に幽閉され、退位させられているから（『舊唐書《くとうじょ》』〈本紀〉）、高句麗の倭国への介入を黙認したのは高祖であって太宗ではない。太宗は高句麗を絶対的に支配下に置こうとして、ついに対高句麗戦に乗り出し、煬帝の轍《てつ》を踏むのである。

それは後のこととして、六二七年に太宗が即位してから、高句麗はしばらくの間、新羅と百済に出兵していないから、表面上は目立った活動をしなかったらしい。

隠されたクーデター

六二六（推古三四）年はこのように、高句麗が一枚加わって三国の抗争の最中だったが、その争いの渦中で馬子は没する。推古三四年、つまり馬子の死以後、推古三六年の推古の死までを『書紀』は次のように記している。

「三四年の春正月に桃李《ももすもも》の花が咲いた。三月に寒く霜《しも》が降った。夏五月に大臣が薨《こう》じた。よって桃原の墓に葬る。大臣は稲目宿禰の子である。性格は武略があって辨才《わきわきしこと》（知識）があった。仏教を敬い、飛鳥河のそばに住んでいたが、庭に小さな池を作り、池の中に小さな嶋を造っていた。そこで時の人は嶋大臣といった。

六月に雪が降った。

是歳、三月より七月にいたるまで霖雨《ながめ》が降った。国中が大いに飢えた。老人は草の根を食べて道のそばで死に、幼子は乳を含んだまま母子共に死んだ。また、強盗が横行したが止められなかった。

推古三五年春二月に、陸奥国に狢《うじな》がいて人に化けて歌を歌った。

夏五月に蠅《はえ》が集まって一〇丈の高さに凝り固まって信濃の坂を越えて行った。その音は雷のようだった。東の上野国《かみつけのくに》に至ってひとりでに散り散りになった。
三六年の春二月二七日、天皇は病に伏す。
三月二日に日蝕があった」

そしてこの記述の後、先に述べた山背と田村への天皇の遺言の場面になるのである。
以上見たように、推古末年の『書紀』の記事は讖緯説的表現[注5]が非常に多いのが特徴だが、実はこの間に泊瀬＝摩理勢のクーデター失敗事件が隠されているのだ。

注5　中国の正史には『漢書』（班固《はんこ》編　AD六二年頃）以来、五行志という巻がある。五行志の五行とは、自然を構成する、もっとも基本的な要素とされる「木」「火」「土」「金」「水」のことである。災害や怪異の現象は、人間の悪徳や悪行が五行のバランスを乱し、自然界の秩序を崩すために発生すると考えられた。人間といっても、帝王や諸侯などの人君に限られるのだが、彼らの行為に反応した天が戒めとして送り届けるサインが象《しょう》であり、具体的には天変地異となって表われるという思想である。この具体例を記しているのが五行志である（吉川忠夫《よしかわただお》『漢書五行志』東洋文庫四六〇　平凡社　一九八六年他）。

天文についても『漢書』（芸文志一〇）に、「天文を観《み》て、もって時変を察す」と『易経』を引用している。

このように早くから、天文観察は暦の作成や方向を知るためだけではなく、政変を予知するためでもあった。

人間の行為に天が感応して災害や怪異の現象をもたらすという、この中国の伝統的な考えを、先にも述べたように讖緯説というが、始まりは、前漢時代の儒者董仲舒《とうちゆうじよ》にあるといわれている（司馬遷『史記』儒林列伝）。讖緯説の語源は「讖緯《しんい》の讖《しん》が音を表わし、神《しん》からきている。神意の記録の意、ひいて、前兆の意」（貝塚茂樹他編『漢和中辞典』角川書店　昭和五九年）という。

この観念は日本でも中国から定着した。『続日本紀』養老五（七二一）年二月条の元正天皇の詔に、「風雲、気色、常に違うことあり。朕《ちん》が心恐懼《きようく》して日夜休まず。然《しか》もこれを旧典に聞けり。『王者の政令事に便ならざれば天地譴責（けんせき）して以て咎徴（きゆうちよう）を示すと』」とあることによってもうかがえる。

中国の史書の場合は、史実を記録する他に、その原因結果を五行志に記録するのだが、『書紀』や『三国史記』など日本や朝鮮三国の史書の場合は、政治的理由により隠蔽しなければならない史実を、天変地異の五行志的表現によって暗示する例がしばしばある。したがって、日本や三国の史書を読むときは、中国の史書の具体的事件の記録と五行志に見える事例とを比較検討して、該当する事変を推察しなければならないのである。

まず、推古三四年正月条の「正月に桃李の花が咲いた」という記述だが、それは次のように讖緯説的に解釈できる。

「冬に枯れるはずなのに逆に成長するのは、思い上がった臣下（陰）が紂罰《ちゅうばつ》されるべきなのに、紂罰が行なわれていないことを意味する。だから冬に花が咲く。花が咲くとは、臣下の陰謀が、その端緒はきざしているもののまだ成就していないことを表わし、実をつけるに至って、はじめて成就するのである」（『漢書』五行志中之下）。そして『漢書』では漢の恵帝《けい》五（BC一九〇）年一〇月に桃李の花が咲き棗《なつめ》が実をつけた例を挙げている。

恵帝の時代は母の呂后《りょこう》の専制時代だった。『書紀』は暗に呂后＝恵帝を推古＝竹田にダブらせているのかもしれない。

「三月に霜降る」は、三月は旧暦では春たけなわだから、時節外れの霜ということになる。

もっとも、五月でも霜が降る場合がないとはいえない。しかし、このように史書に書かれている場合は、よほど大きな天変地異ならともかくも、ちょっとした異変の場合は政治的に解釈しなければならない。

時節外れの霜の意味は「軍隊を始動し、むやみに殺戮《さつりく》を行なうことを亡法（無法）という。その災いとしては霜がおり、夏ならば五穀を枯らし、冬ならば麦を枯らす」（『漢書』五行志中之下）。

五月に馬子は死んだとあるから、馬子の死の直前に兵の発動と殺戮があったことを、この条は暗示しているようである。

「六月に雪降る」を解釈すると、六月は盛夏で、どうころんでも雪の降る季節ではない。

これは文《ぶん》帝四（BC一七六）年の「六月に大雪が降った」に該当しよう。三年後に淮南《わいなん》王の長が反乱を企《くわだ》てたが発覚して、流罪の途中で死んだ。『漢書』（同上）では、夏に雪が降るのは、臣下が乱を起こすのを戒めてのことという。推古三四年から足かけ三年目は推古の死んだ年である。『書紀』は泊瀬王を淮南王に投影させており、泊瀬王（竹田）は推古と同じ頃に死んだのを暗示させていると思う。

「三月より七月まで霖雨降る」は、水は陰で民衆のカテゴリーに属するから、クーデターの暗示と見られる。これらの記事を総合して讖緯説から判断すると、馬子が殺されたという結論になる。しかも、その直接の犯人が推古＝泊瀬＝摩理勢連合のように見える。

推古三六年三月丁未《ひのとひつじ》の朔戊申《つちのえさる》（二日）に日蝕があったと見える。戊申の日蝕は「宮中でクーデターが起き、外国から侵略する兵が強い」（『春秋潜潭巴《しゅんじゅうせんたんは》』）ことを暗示するという。また『漢書』（五行志下之下・「公羊伝」の何休注）に、二日に起こる日蝕は「これ、君の行ない暴急にして、外に畏れらるるに象《かたちづく》る。故に日は行くこと疾《と》く、月は行くこと遅し。朔を過ぎて乃《すなわ》ち食す。正朔を前に失するなり」とある。二日に日蝕のあった君主は暴虐だというのである。

『書紀』では推古は即位していることになっているから、この日蝕の条は推古にかかることに間違いない。呂后に比べられた例といい、存命中の推古の評判は決して芳《かんば》しくなかったようである。

このように、推古の死も安泰でなく、おそらく唐からの外圧による死のようである。唐は山背即位を是としたようである。

馬子暗殺

中大兄が石川麻呂を殺害したのを『書紀』は隠していない。なぜなら、それは君主が臣下を殺したのだから、理由が正当ならば隠す必要はないからだ。それと同じように泊瀬（勢）王も皇族である。したがって、馬子を殺しても馬子が専横でなかったとはいえないのだから、隠蔽する必要はないはずだ。蝦夷・入鹿を誅殺した中大兄と同じ大義名分が成立するからである。にもかかわらず、なぜ馬子が殺害されたことを『書紀』は厳しく隠蔽したのか。

泊瀬王のクーデターが失敗に終わったこともあろうが、何よりも、馬子は高句麗の関与と内乱によって殺されたからである。ただし、馬子は殺されたといっても、息子の蝦夷が蘇我本宗家を継いでいるのだから、暗殺されたと見た方がよいだろう。当時においてすら、確証がなく、風聞として人々の間で囁《ささや》かれただけだったのかもしれない。ここはあまりに讖緯説的表現を過信するのは危険ともいえよう。しかし馬子が殺害されたという風聞が立ってもおかしくない当時の政治情勢だったことは間違いないのだ。

『書紀』と『三国史記』の特徴は、外国の兵力によって直接、王などの為政者が殺された場合は、讖緯説的表現によって暗示にとどめることである。それだけでなく、『三国史記』

の場合は三国同士の軍事的攻防は書くが、倭国からの救援や侵攻の場合は極力伏せる。『書紀』の場合も同様で、三国からの救援や軍事的介入の事実はすべて暗示にとどめ、歴史の表面から消してしまっている。『書紀』には「白村江の戦い」のときに限らず、多くの海外出兵の事実は記しているが、倭国内に、中国を含めた東アジアの軍勢が上陸して戦った事実は極めて厳重に隠蔽しているのだ。そこで、中国の史料や『三国史記』と『書紀』を読み比べる場合、かなりの推理力を働かせなければ、どうしても史実が浮かび上がってこないのである。

では、馬子殺害の直接の犯人は、推古・竹田・摩理勢だったにしても、三国のうちのどの国が加担したか。それは高句麗だったと思われる。

馬子暗殺の犯人は推古三五年条から類推できる。まず「春二月、陸奥国に狢《うじな》がいて人に化けて歌う」とある条だが、この条にぴたりと当てはまる讖緯的解釈はちょっと見当たらない。しかし、『後漢書』（五行五）の霊《れい》帝光和元（一八二）年条に、馬が人になった例が見える。それによると、上に天子なく、諸侯が相戦っているとき、馬が人になるという。

しかし、この条を額面通りに受け取っても、この讖緯説的表現は観念的で馬子殺害の犯人探しの役には立たない。おそらく猪に意味があるのだろう。当時、猪といえば、すぐ分かる誰かの綽名《あだな》だったかもしれないが、今は知るよしもない。

そこで次の五月に蠅が十丈ほど集まって信濃坂を越え、東の上野国に行って消え失せたとあるのが問題になる。同じく『後漢書』（五行一）に、木が金を損なうときに蟲《むし》の災いが起こるとある。蘇我氏はもともと木満致が祖先だから、五行説でいう木徳の氏族のはずである。

しかし、「木は金を損なう」という場合の木（徳）は高句麗を表わしていると思う。高句麗の恵灌が来日した翌年に馬子は死んでいる。しかも、出動した兵団は東国兵だったようだ。それは陸奥国の猪、信濃坂（神坂峠・岐阜県中津川市）、上野国（群馬県）と讖緯的な表現ながら、具体的な地名がすべて広い意味での東国に限られていることから推量される。

高句麗の使者は敏達朝の頃から日本海側の越《こし》（新潟県）に到着するコースを取っていた。

それから、信濃を通って大和盆地にいたる道路も、すでに存在していたであろう。そこで信濃坂が入っている讖緯説的表現に、百済や新羅よりも高句麗の存在が見えてくるのだ。

高句麗だけではない。もう一人、大化改新後、東国に班田制を定着させようとして、力を注いだ高向玄理が浮かび上がってくる。高向玄理は親唐派の代表だったが、高句麗との関係も深い人である。しかし、玄理が主役ではない。主役は別にいる。主役の高句麗系人物については後述するが、玄理は高句麗系の親唐派として働いたにすぎないのだ。高祖の晩年の一時期ではあるが、高句麗栄留王と唐国との関係はよかったことと関係しよう。

馬子の死後、古人即位は外国の圧力があって実現が困難と見た蝦夷は、まず当面のライバルである泊瀬＝摩理勢ラインの粛清に乗り出した。摩理勢が殺されたのは、先に述べた讖緯説的暗示通り、推古の死んだ三六（六二八）年中だったと思う。

推古は竹田とともに葬られた。天皇であったとしたら、簡略にすぎるといえよう。馬子の死後、何年も一族が仮小屋を建てて喪に服したのと対照的である。

則天《そくてん》（武氏）の場合も夫の高宗の陵《みささぎ》に合葬されたが、則天が晩年、政治的に失脚したせいだった。推古の場合も泊瀬、すなわち息子の竹田とともに簡単に葬られたのであろう。

第三章

山背王朝の滅亡と「乙巳の変」

孝徳はどこから来たか

ここで、「舒明即位前紀」に見える、蝦夷の招集した天皇決定の会議の場面にふたたび戻らなければならない。

先述したように、田村を推薦した采女臣摩礼志・高向臣宇摩・中臣連彌氣・難波吉士身刺と、山背を推した巨勢臣大麻呂・佐伯連東人・紀臣鹽手は、大筋において百済武王（田村）の後盾による山背倭王ということで意見の一致があったと見られる。彼らは親唐派として高祖に代わった太宗の意志を奉じたのである。

太宗はタリシヒコの退位は求めたが、息子の山背倭王までは否定しなかったようである。

しかし、タリシヒコの倭国滞在中ですら、倭国内の政治的・経済的な基盤が脆弱《ぜいじゃく》だったタリシヒコ王朝が、蘇我氏一族のバックアップなしに存続できるわけはない。

『上宮聖徳法王帝説』などによると、山背の母は馬子の娘、刀自古郎女《とじこのいらつめ》だから、伝承が正しいとすれば蘇我一族である。しかし、妃は一人で異母妹の舂米王《つきしねのおほきみ》だが、舂米の母は膳部《かしはでの》加多夫古臣《かたぶこのおみ》の娘で、蘇我氏とはまったく関係ない。

山背の妃に蘇我氏の子女が一人もいないのは、何としても不自然に感じられる。そこで山背と蘇我氏一族には表面には見えなくても、対立があったと考える以外にないのである。

それにしても山背が蘇我本宗家の馬子・蝦夷一族だけではなく、その他の支脈の蘇我氏とも婚姻関係を結んでいないのはどうしたことであろうか。他の蘇我一族と結んで、蘇我本宗家を倒すという手段があるではないか。

山背は徹底して蘇我一族を退《しりぞ》けた。むしろ彼は、岳父《がくふ》の立場を利用して蘇我氏が権力をふるうのを嫌ったのかもしれない。山背は倭王として、蘇我一族の上に君臨することを望み、蘇我氏に臣従を求めたと見られる。実力があったとはいえ、隋の政策でようやく一可汗となり、紆余曲折《うよきょくせつ》を経て倭王となったタリシヒコと違い、倭国で生まれ育った山背には、自分の立場の認識に甘い面があったのではないだろうか。

唐国の圧力で、蝦夷は山背即位を不承不承《ふしょうぶしょう》、承諾せざるを得なかったが、交換条件として古人立太子を要求した。古人は大兄といわれるから山背王朝の皇太子だったと思われ、蝦夷の要求は最小限叶《かな》えられたことになる。また、百済武王である舒明（田村）にとっても、古人は息子だから、もちろん異存はなく、ここで唐国の意向と百済武王と倭国の蘇我本宗家は意見の一致を見たのである。古人の母は馬子の娘で蝦夷の姉妹だから、蘇我氏にとっても異論のあるはずはない。

しかし、蝦夷は「舒明即位前紀」の場面で、意見が一致しなかったとして、その場で山背即位を決定しなかった。それには、蘇我倉麻呂（石川麻呂）の態度の保留があった。石川麻呂は孝徳朝に右大臣になるところから見て、彼の真意は孝徳（太陽王）即位にあったと思う。


ところで、孝徳という人は不思議な人である。「孝徳即位前紀」に皇極（斉明）の同母弟とあるだけの天皇なのである。

孝徳だけではなく、天武の場合も天智の同母弟とあるだけで、父親は「天武即位前紀」では明記されていない。舒明紀には皇極との間の第三子と出ているが、後に挿入されたものらしい。天武紀に同母弟とあるのが重要で、大海人（天武）は舒明の子ではなく、後述するが高向玄理の子（あるいは義理の子）と見られる。このように、『書紀』に同母弟とある場合は、父親は確実に違うということである。

そこで、孝徳の父親は事情があって『書紀』には明記できないにしても、石川麻呂が孝徳を倭王に推すなら、推すだけの血脈の尊貴《そんき》性がなければならない。中大兄が苦労して蝦夷・入鹿父子を倒した「乙巳の変」の後のことだが、「乙巳の変」のときに少なくとも表立った働きをしていない孝徳が、中大兄の叔父という理由だけで倭王になれるものだろうか。しかも、父親の確かでない人が実力だけで大王になる時代でも、すでになかったはずだ。

孝徳は、『書紀』に皇極の同母弟としか記されていないので、まず姉の皇極の系譜から見ていこう。「皇極即位前紀」に敏達―彦人―茅渟《ちぬ》王とあって、皇極の父を茅渟王とする。『書紀』には皇極の母は吉備《きび》姫王とあるが、吉備姫王は『本朝皇胤紹運録《ほんちょうこういんじょううんろく》』に欽明の孫、桜井《さくらい》皇子の娘とある。私は今まで、『書紀』と『紹運録』の記載通りに、皇極を吉備姫王の娘として疑わなかったが、年齢から見て母子とは考えられなくなった。皇極の年齢は『書紀』には出ていないが、『紹運録』には六八歳崩《ほう》とある。『書紀』によって皇極は斉明七（六六一）年に死んでいるから、数え年で五九四年生まれのはずである。彦人はこれまで再三述べたようにタリシヒコだから、その息子の茅渟王の娘とすると、年代的に無理が出てくる。つまり、母にあたる吉備姫王と皇極は、少なくとも同じ世代に属するのである。

そこで、敏達の娘でヒコヒトに嫁ぎ、田村（舒明）を生んだとされる糠手《あらて》姫皇女《ひめのみこ》という人が注目される。

この糠手姫皇女は天智三（六六四）年に死んだが、嶋皇祖母命《しまのすめみおやのみこと》といわれた。ところが、吉備姫も吉備嶋皇祖母命といったのである（皇極二年条）。皇極二年条では、天皇は吉備姫が病に伏してから喪を発するまで床のそばを離れず、看病したとある。このことにより、天皇を皇極として疑わなかったために、皇極の母が吉備姫とされたのであろう。

私見では、『書紀』の皇極朝はまだ山背朝である。だから、この場合の天皇は山背と考えられるが断定はできない。

ところで、嶋皇祖母命の「嶋」だが、馬子は飛鳥河のほとりに邸宅を構え、庭の中に嶋を造ったので嶋大臣と呼ばれた。

岸俊男《きしとしお》（「〝嶋〟雑考」『橿原考古学研究所論集・五』吉川弘文館　昭和五四年）は、嶋大臣つまり馬子との関係は明らかではないが、二人の嶋皇祖母命（糠手姫と吉備姫）の宮は嶋の地にあったのであろうとし、それがやがて嶋宮に通じると考えている。血縁としては二人ともまったく蘇我氏とは関係はない人だから、やはり二人のうちのどちらかが馬子の室になっていたと考える他はない。そこで、同じに嶋皇祖母命といわれていることから、混同されて皇極の母は吉備姫とされたが、母は一応糠手姫である可能性も出てきた。

もともと皇極はヒコヒトの娘、つまりタリシヒコの娘だから、大王となるのに血統的に申し分ない。ところが『書紀』によると、舒明の母も糠手姫とある。つまり舒明と皇極は同母兄妹ということになる。しかし皇極は舒明妃なのだから皇極が糠手姫の娘という説は成立しないのである。

舒明は百済武王であり、金馬渚の池のほとりに住んでいた女と池の龍との間に生まれたという伝承を持つ人だから、本来、母親が敏達の娘の糠手姫とは考えられないように思われるだろう。しかし、私は敏達は高句麗系の亡命王族で、百済の威徳《いとく》王になった人と考えている（『継体朝とサーサーン朝ペルシア』）。

百済の威徳王（敏達）の娘が百済の金馬渚に住んでいても何ら不思議はないわけである。龍との間に子を生んだという女が威徳王の娘だったからこそ、息子の武王は百済王となれたのではないか。そうすると、舒明の母は敏達の娘の糠手姫（大判皇女《おおともひめみこ》）に比定されてもおかしくはないが、皇極の母親は違うことになる（前掲『本当は怖ろしい万葉集』）。

そこで、視点を変えて皇極の同母弟である孝徳の年齢を知りたいのだが、孝徳は父親のみならず、年齢についても『書紀』その他の史料に見えず、まったく手がかりがない人なのである。この事実も不思議だが、ただ皇極と同母とある以上、父親の場合と違い、大きな年齢差がないとしてよいと思う。そこで皇極と同じように一世代上げると、皇極の父親とされている茅渟王が考えられる。茅渟は和泉《いずみ》国一帯の名称で、石川麻呂の娘に茅渟娘《ちぬのいらつめ》がいるように（天智七年二月条）、石川麻呂の所領地のあった場所の地名である。孝徳朝は難波に宮廷を置いているように、和泉から難波に本拠を置く石川麻呂を後盾にした王朝だった。そこで、孝徳は茅渟王と呼ばれても不思議はない人なのである。

系図では、茅渟王は彦人と漢王の妹大俣《おおまた》王との間の子ということになっている（『釈日本紀』）。とすると、皇極の母も大俣王としなければならないだろう。

皇極と孝徳の母親が漢王の妹ということは類推できた。しかし、系譜をいくら探ってもこの先が一歩も進まないのだ。

藤原鎌足の謎

このように、孝徳自身の系譜がまったく不明だとすると、孝徳の父親のルーツを探るには、まず孝徳の忠臣である藤原鎌足（鎌子）を知ることから始めるしかない。

我々の観念では、藤原鎌足は天智の忠臣である。しかし、『書紀』を見ると、意外に天智の忠臣鎌足像は浮かんでこないのだ。鎌足の娘は二人が天武の後室にいるが（氷上《ひかみの》

法王・タリシヒコ系図（私見）

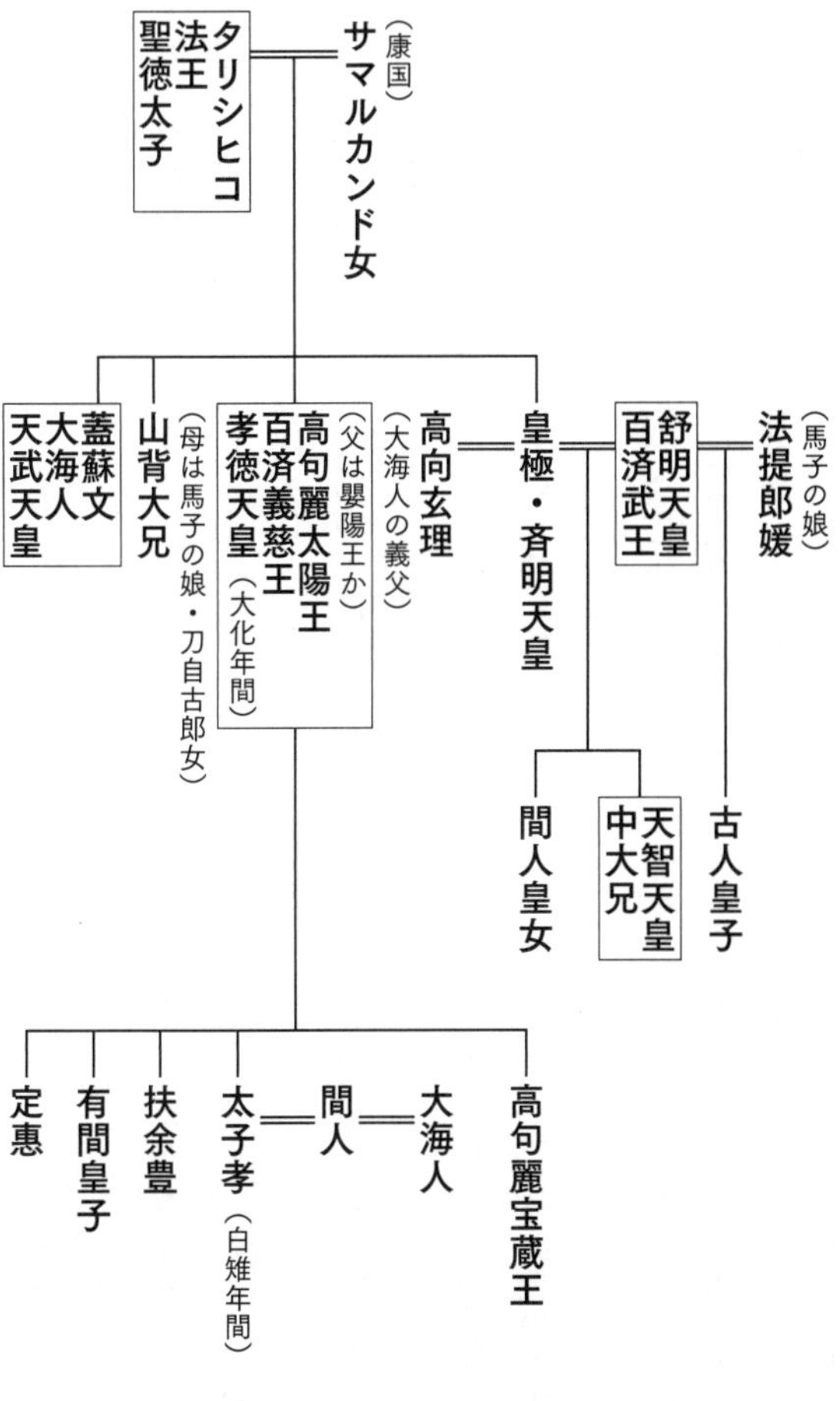

娘《いろつめ》と五百重姫《いおえのいらつめ》）、天智の後室には一人もいないのである。天智から大織冠《だいしょくかん》と大臣の位を授かり、藤原氏の姓を賜った話は有名だが、それにしても『書紀』をよく見ると、東宮大皇弟《ひつぎのみこ》、つまり大海人が天皇の命令により授けたとある。直接、手渡したのは天武なのだ。また『姓氏録』（左京神別上）に、天武一三年に藤原朝臣を賜ったとあることなどから、藤原氏の姓は天武朝に鎌足に追贈されたという意見も多い（横田健一《よこたけんいち》「新時代の創出者藤原鎌足」『歴史読本』新人物往来社　一九八八年四月号等）。

事実、天智紀に鎌足は一度しか登場しない。それは来日した唐国人郭務悰《かくむそう》らに贈物をしたことだった（天智三年一〇月条）。

大海人は新羅と新羅派の唐国人の郭務悰ら外国勢力をバックに「壬申の乱」を勝ち抜いた人だが、鎌足は明らかに大海人のために働いていたのである（拙著『白村江の戦いと壬申の乱』）。

それだけではない。『大織冠伝』（家伝上　藤原仲麻呂　八世紀）に、鎌足は天智七年に新羅の使者金東厳《きんとうがん》に付けて、新羅の将軍金庾信《きんゆしん》に船を贈ったとある。事実とすれば、明らかに「壬申の乱」を目前に控えた大海人側が、新羅の援軍を要請するためである。『大織冠伝』には、この鎌足の行為を諫《いさ》めた人があったと見えることからも、中大兄の側からの反対があったのであろう。

「乙巳の変」では緊密な仲を印象づけた中大兄と鎌足だが、事実はそうとばかりはいえなかったのだ。

このように、天智朝には大海人のために働いた鎌足だが、本来は孝徳の忠臣だった。このことは『書紀』にも明記されている。たとえば、山背一族が遭難して、『書紀』では皇極朝となった皇極三年正月条に、鎌足は神祇官《じんぎかん》を命じられたが、病と称して朝参せず、同じく、現政権に不満で足を痛めているという理由で自宅に籠っている孝徳（軽皇子）を訪ね、宿侍《しゅくじ》（宿泊しての警護）を願い出る。そこで、軽は深く感謝し、寵妃《ちょうひ》の阿部氏を鎌足に下賜する。鎌足は軽の厚遇を深く恩に感じ、周囲の者に「特別に私が恩沢《おんたく》をいただいたことは、私が望んだ以上だった。誰が（軽を）王としないでおくものか」と語ったという。

『大織冠縁起（多武峯縁起）』（一二三九年頃）に、孝徳が懐妊していた車持夫人《くるまもち》（『書紀』では阿部氏）を鎌足に与えたが、生まれた子が女子ならば手元に引き取るが、男子ならば鎌足の子とするようにと命じ、生まれたのが定恵《じょうえ》だったという話が見える。定恵は孝徳朝の終わりに近い白雉四（六五三）年五月に入唐して長らく帰国しなかったから、真偽のほどはさだかでないが、当時、孝徳の息子という噂があったのは事実であろう。
さらに、鎌足は孝徳元年条に内臣《うちつおみ》の位を授かったとある。石母田正《いしもだしょう》（『日本の古代国家』岩波書店　一九七一年）によると、鎌足の内臣は、高句麗の泉蓋蘇文《せんがいそぶん》の官位、内臣（斉明六年七月条）や百済の官名の「内臣佐平」と結びつく可能性が強いという意見だが、鎌足と高句麗との強い関係によって、それは正しいことが裏付けられる。高句麗と鎌足の緊密な関係は『大織冠伝』によって証明される。『大織冠伝』には高句麗の宝蔵王が鎌足に書を送って次のように称えたとあるのだ。

「大臣の仁風《じんぷう》・盛徳《せいとく》は、遠方遥かな地方まで伸び広がり、王化《か》は千年を宣し、大臣のよき風聞は万里の遠くまで揚がっている。国の棟梁《とうりよう》となって、民の船橋を作る大臣は一国の尊敬して仰《あお》ぎ見るところであり、百姓の望むところである。遥かに、その噂を聞いて手を打って喜ぶとともに、深く慶するものである」

『大織冠伝』は子孫の仲麻呂の著作だから、鎌足を顕彰する態度が露骨である。したがって、この通りの文書を高句麗王が鎌足に送ったとは考えない方がよいと思う。しかし高句麗王が彼に書を送った可能性のあることは、後章によって明らかになろう。ここでは、鎌足は新羅だけではなく、高句麗とも近い関係にあった人であることを知っていただければよい。

鎌足は高句麗や新羅だけではなく、百済の義慈王とも親しかった。聖武《しょうむ》天皇の七七回忌に光明《こうみょう》皇后が遺品を東大寺に納めたが、その目録の中に「赤漆欟厨子《ずし》一口　右百済国王義慈進於内大臣」というのがある。百済の義慈王が鎌足に厨子を贈ったというのである。

鎌足は舒明朝の初めに良家の子弟が授かる錦冠を授けられたが、固辞して受けなかったと『大織冠伝』にある。この条は義慈王の立太子と関係するようである。つまり、義慈の立太子に鎌足が尽力したので、錦冠が贈与されることになったのだ。鎌足とこのように親密な関係にあった義慈とは、どのような人だったのだろうか。

義慈王とは何者か

舒明三（六三一）年三月条に百済王の義慈が王子の豊章を人質として入朝させたとある。

「百済本紀」には翌年の武王三三（六三二・舒明四）年正月に、元子の義慈を封じて太子としたという。このように、百済王義慈として「百済本紀」より早く『書紀』に見えるのも不思議な話ではないか。その上、このときの義慈の立太子は百済と倭国との間だけの取り決めであったらしく、中国の史料や「新羅本紀」「高句麗本紀」にはまったく見えない。それどころか、貞観一一（六三七・舒明九・武王三八）年一二月、百済王が武王の息子である太子の隆《りゆう》を来朝させたと『舊唐書』（本紀三 太宗下）にある。『冊府元亀《さつぷげんき》』（外臣部・朝貢三）によると、このとき隆は「鉄甲雕斧」を献じたので、太宗はその労をねぎらったという。唐はこのとき、隆の立太子を認めていたのだ。

「百済本紀」には、すでに義慈が百済王となった義慈王四（六四四・貞観一八）年に隆が立太子したとある。前年の六四三年に義慈は高句麗と連合して新羅に出兵し、新羅の唐国への道を塞《ふさ》いだ。そのため新羅は唐国に救援を求めている。そこで太宗は使者を百済に派遣して諭告《ゆこく》したので、義慈は陳謝の上表をした。この条に続いて隆の立太子の記事が見られる。このことは、太宗は武王の存命中に隆を百済太子として承認していたが、義慈が百済王となったので、あらためて隆を義慈の太子とすることを要求したと解釈される。

隆は終始、唐国側にあった人で、六六〇年に百済が唐将の蘇定方《そていほう》によって滅ぼされ、義慈が唐国に連れ去られた後、「白村江の戦い」のとき、唐側にあって倭国軍と戦っている。少なくとも太宗は、義慈王即位に反対だったことは間違いないようである。

このように義慈は、舒明朝初期に百済と倭国だけに承認されていたのだ。

義慈は「武王の元子」とある。聖王の元子とある威徳王もそうだが、「元子」は普通、長子の意味とされている。しかし、戦国時代に蘇秦《そしん》という政略家が秦の恵《けい》王に「元元を子とし諸侯を臣とせんと欲せば、兵に非《あら》ずんば不可なり」と教えている（『戦国策』秦巻三　劉向撰　ＢＣ七七年頃）。この場合の「元元」は根源に遡《さかのぼ》るという意味で、転じて万民、百姓の意味となる。とすれば、元子とはその根底に庶民の出身という意味を秘めており、威徳王は聖王の実子ではなく、義慈王も武王の子ではないと考えられる。

しかも「百済本紀」では、一章につき四人から六人の王で形成されているのに、なぜか百済の最後の王義慈は一人で六章を形成している。

義慈は親には孝をもって仕《つか》え、兄弟には友愛をもって交わったので、人々は「海東《かいとう》の曽《そう》子《し》」と呼んだという。海東とは中国から見た三国と倭国を総称する。曽子は孔子の弟子の一人だが、親孝行で有名な人であり、『孝経』の編者といわれている。

一方、倭国の孝徳はその名からして孝で徳のある人である。彼は「仏法を尊び、神道を

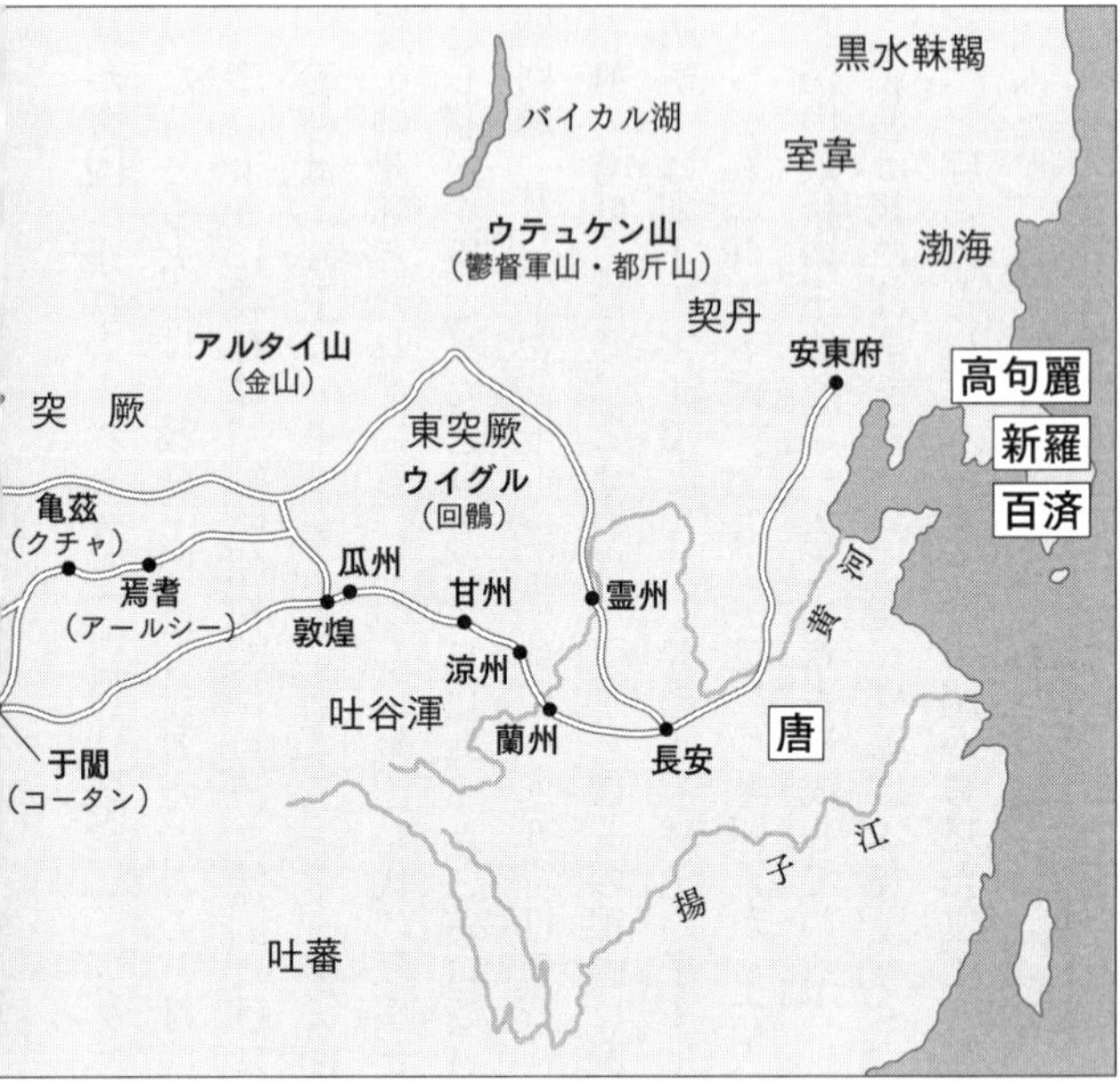

軽蔑したが、柔和で儒学を好んだ。人の貴賤を忖度《そんたく》せず、盛んに恩恵を施した」（孝徳即位前紀）という。貴賤に頓着せず、人とつきあったというのは、父親のはっきりしない孝徳にふさわしく、庶民の出身を意味する元子の義慈と一脈通じるではないか。それに儒学を好んだというが、その儒学には『孝経』も含まれていたのではないだろうか。

孝徳は一名、軽皇子という。李《イ》寧熙《ヨンヒ》（『天武と持統』文藝春秋　一九九〇年）によると、「かる」は古代韓国語の「ガル」で、双子の

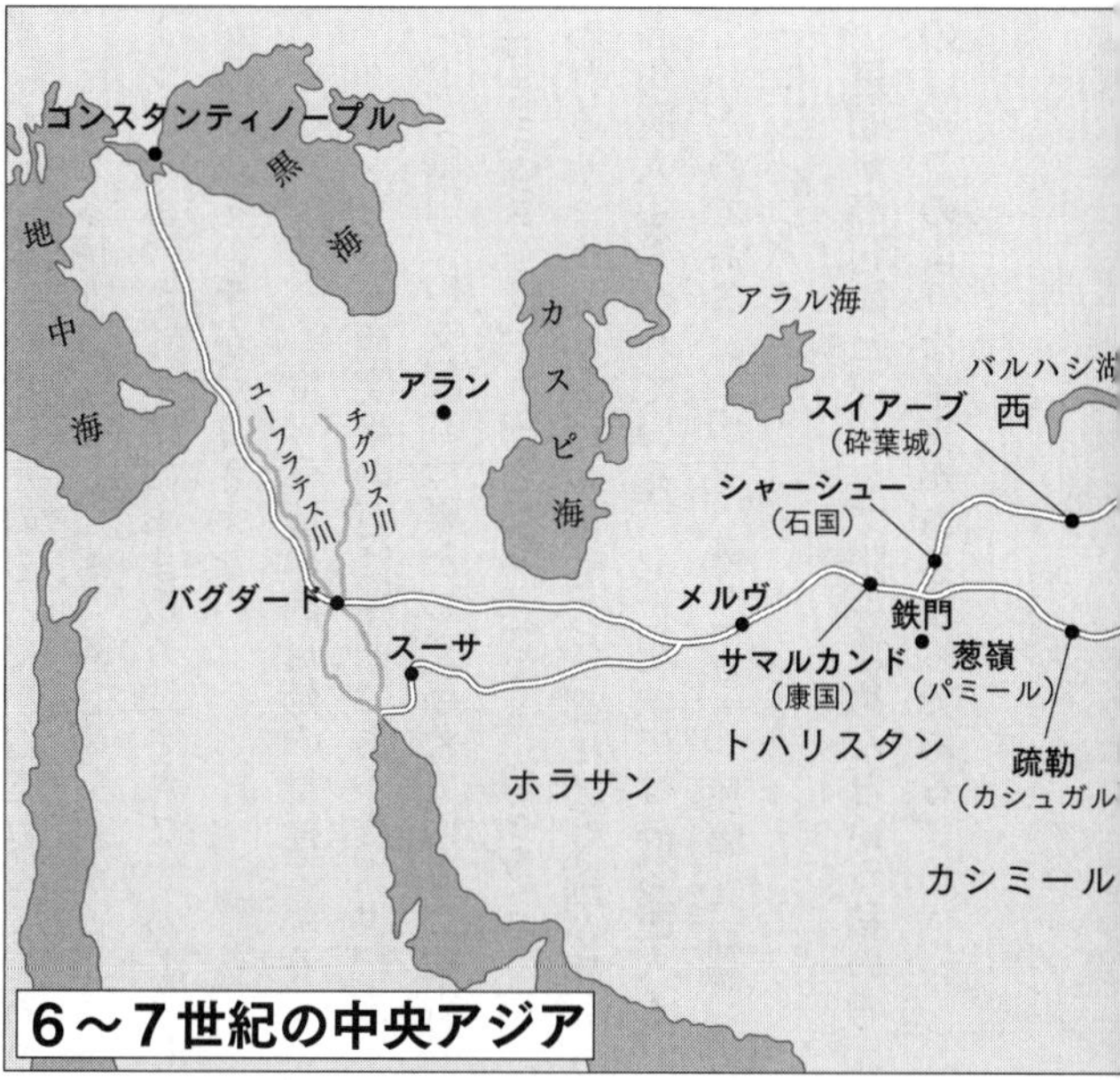

6～7世紀の中央アジア

意味を持つという。

私見（前掲『倭王たちの七世紀』）では、新羅の文武《ぶんぶ》王は倭国に亡命して文武《もんむ》天皇になった人だが、孝徳と同じように皇子名を軽という。カルは三国の王族が来日して倭王になった場合や、二国の王を兼任した場合、一人が二人に分裂したという意味を込めて、双子の意味を持つ、ガルという音に近い「軽」の字を皇子名にしたのかもしれない。

鎌足が孝徳の忠臣であるとともに、義慈とも親しい仲だったという『大織冠伝』の記述は、義慈と孝徳が同一人という設定のもとで納得されるであろう。

そこで孝徳＝義慈としても、義慈の父親が武王ではないとしたならば、孝徳の父親のルーツは、まったく不明のまま取り残されていることになる。義慈の史料から見ても、父親が誰か、その手がかりさえない。

そこで、もう一度、孝徳の同母姉の皇極に戻る。皇極の父はタリシヒコである。

タリシヒコが西突厥の可汗達頭であった六世紀末、自分の娘をソグド人の国、サマルカンド（康国）の支配者に妻として与えている（『隋書』〈列伝八・西域〉・Edouard Chavannes『Documents sur Les Toulkiue〔Turcs〕Occidentaux』一九〇〇年）。現在、アフラシャブといわれるサマルカンドのかつての首都には壁画が残されており、その一つ（第二三図）には高句麗人も描かれている。七世紀頃には高句麗人も、中央アジアのこのあたりまで往来していたのである（L・I・アリバウム　加藤九祚《かとうきゅうぞう》訳『古代サマルカンドの壁画』文化出版局一九八〇年）。

達頭が高句麗と連合して隋を攻めたという私の考えが、あながち無謀と私自身思えないのは、このような事実があるからである。

軽皇子の「カル」は太陽の意

タリシヒコは高句麗嬰陽王と連合して隋と戦い、五九九年一〇月、隋に追われて遼東から高句麗を経て、五九九年冬に百済に到着、そこに法王という名を留め、そして倭国に上陸したと考えられる（『聖徳太子の正体』）。それよりすると、高句麗を通ったのは五九九年の秋頃と推定されることになる。このときタリシヒコは、ちょうど孝徳が自分の妃を鎌足に贈与したように、嬰陽王に自分の妃（ササン朝ペルシアのホスロー二世の娘）を託して来日したのではないだろうか。そして生まれたのが太陽王、すなわち孝徳である。当時の各国の政治史より見ると、一番、妥当で、しかも可能性のある説であることは間違いないのだ（107ページの系図）。

「高句麗本紀」によると、嬰陽王の次の栄留王は嬰陽王の腹違いの弟とあり、六一八年に即位したが、六四二年に反唐国派の蓋蘇文に弑殺される。それから蓋蘇文は栄留王の弟の太陽王の息子である宝蔵王を擁立するが、この太陽王こそ先に述べたように、孝徳すなわち百済義慈王である。つまり義慈は隠された達頭の子であり、高句麗太陽王となった人である。ここで、斉明と姉弟であることが証明される。

韓国語で「ピッカㇽ」は光をいうが、ピッカㇽのカㇽはもともと太陽の意味であるという(徐廷範《ソジョンボム》『韓国語で読み解く古事記』大和書房　一九九二年五月)。孝徳の場合の軽皇子のカルには、彼の高句麗名である太陽王を内在させているのではないか。

後述するが、陰陽五行思想でいえば孝徳は土徳、色は黄色、中央をもって表わされる人だから、太陽を称するにふさわしい人なのである。

「高句麗本紀」では、太陽王は栄留王の弟とあって、栄留王の兄の嬰陽王の息子ではない。しかし、高句麗王になったこともない太陽王に王の称号がつくのは不審ではないか。

達頭(タリシヒコ)が倭国に至る途上、高句麗に立ち寄ったのは五九九年冬のことである。

このとき、皇極を産んだホスロー二世の娘を礼として嬰陽王に託して達頭は倭国に立ち去ったという推測が成り立つ。

「高句麗本紀」では、嬰陽王の弟が栄留王で栄留王の弟が太陽王となっている。そして太陽王の子が宝蔵王である。太陽王自身も高句麗にあるときは嬰陽王の弟と称し、倭国に来るとタリシヒコの子として権利を主張したのではないか。

当時よりタリシヒコの血脈に連なるのが即位の条件とされたのではないだろうか。

宝蔵王が『大織冠伝』に見える鎌足に書を送った高句麗王であることは間違いない。私の説が正しいとすると、宝蔵は父の義慈に対する鎌足の忠勤に感謝して書を送ったことになる。

この後、百済が滅びるまで、高句麗・百済と倭国が一糸乱れることなく緊密な関係を続け、唐国に対抗する裏面には、このような血脈による連帯感もあったのではないだろうか。

義慈（太陽王）が六〇〇年直後に生まれたことは、『書紀』に舒明三（六三一）年に息子の豊（豊章）を来日させたと見えるところからも類推される。彼が三〇歳前後であれば、息子の豊が一〇歳くらいと見て、年齢的に父子関係が成立するからだ。『書紀』その他に孝徳の年齢がまったく出ていないのは、六二五年[注6]生まれの中大兄の叔父にしては、孝徳の年齢が高かったせいだろうか。

そこで、高句麗が僧の恵灌を来日させて倭国に政治的介入をしてきた推古三三（六二四）年条を思い出していただきたい。翌年の馬子の死にも国内だけではなく高句麗勢力の介在があると推量した。この場合の高句麗の介入は栄留王自身ではなく、太陽王、すなわち後の百済王義慈であり、後の孝徳だったことが判明するのである。古人を推す蘇我本宗家の馬子が死ねば、蘇我氏の実権は次の蘇我一族の実力者、石川麻呂に継承される。そして、石川麻呂の推す孝徳即位の可能性が出てくるのである。私は推古末のこの時期、すでに孝徳＝石川麻呂連合が成立していたと見る。

栄留王の時代は、唐国と高句麗の関係はよかった。そこで、栄留王を通じて唐の高祖に倭国への介入を承認させて、太陽王すなわち孝徳本人が来日したと思われる。しかし、高祖を退位させた太宗は高祖の方針を一八〇度転換し、反唐国派だった表向き嬰陽王の弟（太陽王）の倭国王就任には最後まで反対だったようである。太宗は、あくまでも山背倭王を要求したのである。後述するが、孝徳倭王は六四九年の太宗の死の直後に、高宗によって太子の孝の即位を承認されたようである。

注6　六七一年没とされる中大兄の年齢は、『書紀』の六四一年一六歳とあることから換算すると、数え年四六歳崩となる。より古い史料の『帝説』の六四五年に二一歳とあるところから見ると四七歳崩になる。『書紀』は中大兄が六四二年に斉明らと島に放逐された一年間を抹消したため、一歳年少になったようだ。これより中大兄は六二五年生まれと推定される。

大海人は六二二年生まれだから、中大兄は大海人より三歳年少ということになる。なお、天智・天武の年齢史料は『倭王たちの七世紀』に詳しい。

三人の倭王候補

推古の死後、倭国の大王候補は次の三人だった。

一、山背――唐国から帰国して唐の意を奉じる高向玄理を代表とする群臣が推す。
二、古人――倭国における実力第一の蘇我本宗家の蝦夷・入鹿が推す。
三、孝徳（軽皇子）――高句麗と蘇我一族の二番目の実力者石川麻呂が推す。

この三案を、すべてにわたって、ある程度満足させるのが『書紀』のいう舒明朝である。

すなわち山背大王誕生と古人の立太子、そして百済では六三二（武王三三）年の義慈（軽皇子）の立太子だった。

武王（舒明）は息子の古人の倭国における立太子を条件に、高句麗の太陽王、すなわち義慈の百済の次期国王を承認したと思われる。

そこで、親唐派の高向玄理が中心になって、同じ六三二（舒明四）年一〇月に、唐国の使者高表仁《こうひょうじん》を招聘《しょうへい》し、唐国が山背大王を正式に承認するよう要請する。一方、「百済本紀」には同年一二月、百済が唐国に朝貢したとあるから、このとき百済は義慈立太子の報告をしたのであろう。

ここで、高句麗・百済・倭国間の協定は成立したのだが、先述したように、太宗は義慈の立太子には賛成の意向ではなかった。

その上、一人、圏外に置かれた新羅が、この三国協定を是認するはずはない。新羅は義慈が百済の太子になった六三二年から翌年にかけて百済と交戦している。しかし、戦いは百済に優位に展開した。この百済と新羅の対戦の最中の六三二年には、五四年という長期にわたって新羅を統治した真平《しんぺい》王が死んだ。

天寿をまっとうしたかのような真平王の死さえ、当時はとかくの噂があったらしく、前年の「新羅本紀」六三一年二月条に「白い虹が王宮の井戸にかかり、土星が月を犯した」と讖緯説的記述が見える。

真平王の次に新羅王となったのは真平王の長女の善徳《ぜんとく》王だった。しかし、善徳王が倭国に野心を持ったわけではない。倭国に野心を持ったのは、後に新羅武烈《ぶれつ》王となる金春秋《きんしゅんじゅう》父子だった。金春秋の父親は真平王の父親といわれる真智《しんち》王の息子の龍春《りゅうしゅん》だった。母親は真平王の娘で善徳王の妹の天明《てんめい》夫人だが、『花郎世紀《かろうせいき》』（金大門撰　七〇五年）によると龍春は善徳王の夫でもあった。このことより、善徳王即位には龍春と春秋という父子の尽力があったのが想像される。その上、善徳王の妹の一人は『三国遺事』（巻二）に見えるように、武王の正妃だったから、当時の三国と倭国を含めた四国は血脈においても複雑にからみあっていたのである。

新羅王系図

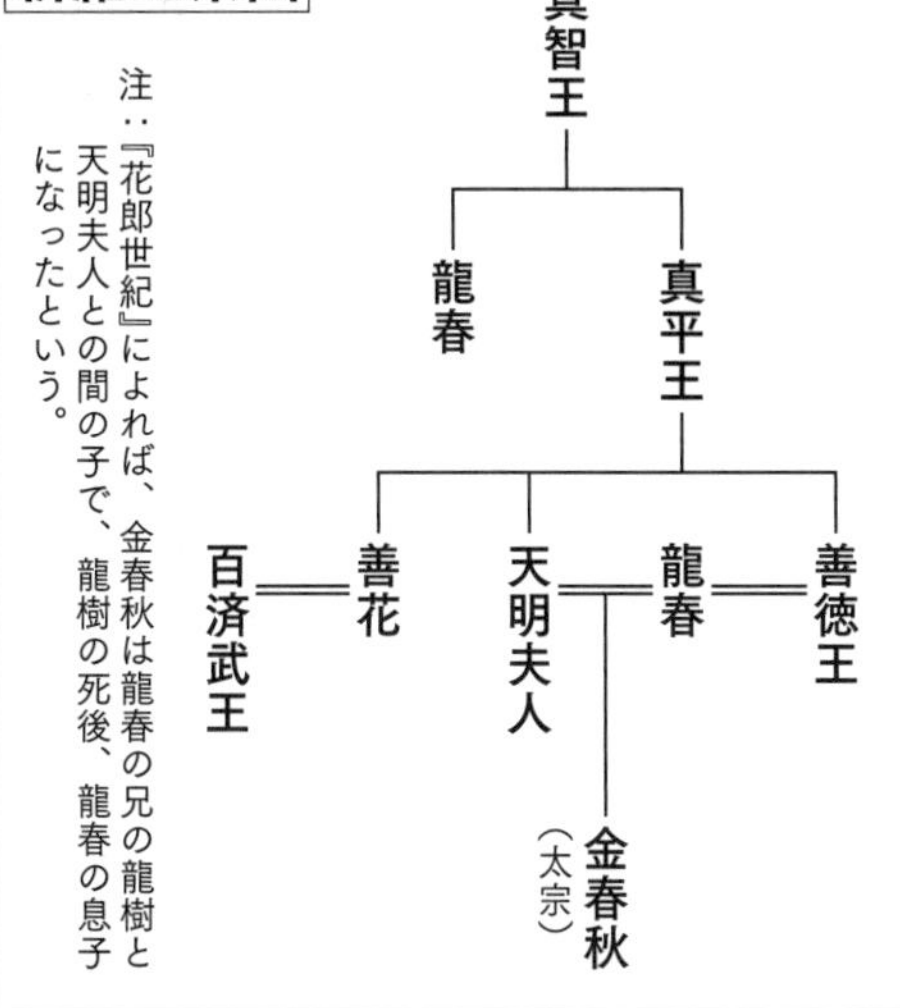

注：『花郎世紀』によれば、金春秋は龍春の兄の龍樹と天明夫人との間の子で、龍樹の死後、龍春の息子になったという。

新羅は高句麗・百済・倭国連合に対抗して唐国に近づき、百済武王亡き後の、百済義慈・倭国孝徳朝を追いつめていくのである。

それはさておき、太宗の推す山背倭王は最初からつまずいた。六三二（貞観六・舒明四）年、新羅真平王の死んだ年、来日した高表仁は王子と礼を争って、太宗の命を告げずに帰国したとある（『舊唐書』列伝一四九上・東夷）。

『新唐書』（列伝一四五・東夷）には、

王子ではなく王となっているが、この場合、表仁と礼を争ったのは、倭国を代表する山背本人だろうから、王とある『新唐書』の方が正しいだろう。表仁が太宗の命を宣しなかったということは、いうまでもなく太宗の山背倭国王冊封の宣命を告げなかったという意味である。表仁は六三二年の一〇月に来日して、翌六三三年の正月に、対馬を経て早々に帰国してしまったのである。

タリシヒコの場合は、ほとんど対等の国としての礼をもって中国の使者に対した。それは『書紀』の推古条を見れば分かる。この時期、隋の煬帝は対高句麗戦を前にして、倭国に少なくとも中立を期待したし、何といっても、相手はかつて隋と戦ったこともある名高い突厥可汗達頭である。ある意味でいえば、尾羽《おは》うち枯らしてやむを得ず、東の果て、倭国の王になっている人だから、隋の態度も三国に対するように、完全な臣従の態度をとることを要求しなかったのである。

それに対して六三二年、山背が表仁を迎えた頃の唐はすでに国内を完全に平定しており、周辺の、いわば四夷の国を朝貢させ、臣従を要求していたのだ。その一環として、山背倭国王を承認して山背に恩恵を施し、臣属させようとしていたのである。山背はこの国際情勢の変化に気がつかなかったとしか思えない。おそらく、彼は父親のタリシヒコの前例に倣《なら》って表仁を遇し、表仁を怒らせたのであろう。

帰国した表仁が太宗に対して、山背についてよくいうはずがない。表仁の報告を受けて、おそらく太宗は山背倭王に失望したと思うが、父親の高祖の遺志に反対するのが生き甲斐のようにも見える太宗は、高祖が晩年に孝徳即位を是認したのを否定した手前もあって、孝徳倭王には拒絶反応を起こしていたようである。

山背倭国王朝は、国外では新羅の金春秋や高句麗の太陽王、すなわち義慈等に虎視眈々《こしたんたん》と倭国王の座を狙われながらも、太宗の強い意志と、百済武王の後盾によって、わずかに命脈を保っていたようである。しかし、国外だけではなく、国内では蘇我一族が経済的にも政治的にも実権を握っている状態だった。

『書紀』が暗示する山背朝のゆらぎ

このような山背王朝時代が、きわめて政情不安定だったのは『書紀』の舒明朝に讖緯説的表現が非常に多いことからも察せられる。

高表仁らが玄理たちに見送られて対馬から帰国した舒明五（六三三）年から九（六三七）年の間は、『書紀』に次のように見える。

「六年八月に長い星が南の方向に見えた。時の人は彗星《ははきぼし》といった。

七年三月に彗星は東に廻《めぐ》って見えた。

六月一〇日に百済が達率《だちそち》柔《ぬ》らを遣わして朝貢した。

七月七日に百済の客を朝廷において饗応した。この月にあやしい蓮の花が剣《つるぎ》の池に咲いた。その花は一つの茎に二つの花があった。

八年正月壬辰《みづのえたつ》朔（一日）、日蝕があった。三月に采女《うねめ》を犯した者をすべて取り調べ、罰した。このとき、三輪君小鷦鷯《みわのきみをさざき》が罰せられることを苦にして頸《くび》を刺して自殺した。

五月に霖雨《ながめ》があって大水が出た。

六月に岡本《おかもと》宮に火災があった。天皇は田中《たなか》宮に遷居した。

七月己丑《つちのとのうし》朔（一日）、大派王《おほまたのおほきみ》は豊浦大臣《とゆらのおほおみ》（蝦夷）に『群卿《まへつきみたち》及び百寮《つかさつかさ》たちが朝《みかど》参《まゐり》を怠っている。今後卯《う》の時（午前六時）に朝参し、巳《み》の時（午前一〇時）以後に退出せよ。鐘によってその時を知らせよ』といったが、大臣は従おうとしなかった」

壬辰朔の日蝕は「臣が主に代わって天下が滅ぶ」（『春秋潜潭巴』）という意味だから蘇我

一族の横暴を暗示しているのだ。『書紀』を続ける。

「是歳は大いに旱《ひでり》があって、天下の住人は飢えた。

九年二月二三日、大きな星が東から西に流れた。雷に似た音がした。人々は流れ星の音といったり、地雷《つちのいかづち》といったりした。僧の旻《みん》が『流れ星ではない。これは天狗《あまつきつね》だ。その吠える声が雷に似ているのだ』といった」

まず、舒明六（六三四）年八月から翌年舒明七（六三五）年の三月にかけての彗星の記事だが、『漢書』五行志（下之上）によると、彗星は孛星《はいせい》とも書き、悪性の気が生み出す星であり、端的にいうと乱臣の表象である。彗星の出るところにはクーデターと殺戮《さつりく》が起こるという。

『晋書』（志二・天文中）には、彗星は「悪気の所生である。内に大乱がなく外に大軍がある。天下はお互いに陰謀を企み、闇に覆われてよく分からない状態である。ある場所では傷害事件がある」という。内に大乱がなく、外に大軍が動くとは、倭国ではなく、外国に兵乱があったということであろう。

そこで『三国史記』を見ると、「新羅本紀」にこれと対応する讖緯説的記述があった。同じ六三四（善徳王三）年の三月条だが、「栗ほどの大きさの雹《ひょう》が降った」とある。

これは善徳王の冊封にからんでいたようで、前年の六三三年（貞観七）七月、新羅が唐国に朝貢すると、八月に百済が攻め込んでいる。六三五年には唐国は使者を新羅に派遣して正式に善徳王を新羅王に任じているから、このときの百済の新羅への侵攻は、善徳王即位に反対する軍事介入だったことが分かる。

そこで、「新羅本紀」の「栗ほどの大きさの雹が降った」という記述の讖緯説的解釈だが、『漢書』（五行志中之下）によると、雹は陰が陽を犯す表意であるという。陰は被支配者層をいうから、クーデターに近い事件があったことになる。この時期、百済と新羅は対立していたのは事実だが、この条だけでは具体性に欠けて、何をいいたいのかがよく分からない。

しかし、この条で問題になるのは栗である。高句麗は一名、句麗《くり》とも表記される（たとえば『宋書』〈列伝五七・夷蛮〉に見える倭王武の上表文）。そこで栗は日本ではしばしば、高句麗の意味を内在させているようである。例を挙げると『姓氏録』（未定雑姓右京）に天児屋根命《あめのこやねのみこと》一一世の孫・雷大臣《いかつおみ》の子孫に中臣栗原連というのがある。彌氣・鎌足父子はこれまで述べたように、外国との関係が強く、特に雷大臣に比定される鎌足は高句麗との関係が深かった人である。

そこで、「新羅本紀」に見える栗の大きさの雹から、高句麗の軍事的介入があったことが推察される。しかし、事実として高句麗の介入があったとしたら、百済との交戦のように明記してもよいはずである。ここは倭国がからんでいるために、讖緯説的にしか記録されなかったのである。この栗の大きさの雹は、『書紀』舒明六（六三四）年八月条の「南方に出た彗星」に該当しよう。そして、翌年の舒明七年三月に彗星は廻って東に見えたとある。続いて、同年七月条に百済の客を饗応したとある。この客が「新羅本紀」の栗の大きさの雹及び『書紀』の彗星なのだが、「客」とある場合は、使者と違って一段上クラスの人を指し、三国の場合は王族が多い。しかも、この客は帰国したという記載がない。「新羅本紀」にあるように、六三四（善徳王三）年三月に高句麗から新羅にやって来て争乱を起こし、翌年六三五（舒明七）年七月に倭国に百済の客として現われ、帰国した様子のない人。つまり高句麗と百済、さらに倭国にまたがって活躍する人物は、高句麗においては嬰陽王の弟の太陽王といわれ、百済に行って百済の太子となった義慈以外には考えられないのだ。義慈は舒明二年八月条の、高句麗・百済共同の客が来日、九月に帰国したとある客の可能性が高い。義慈は推古朝の頃から、何回か来日の経験があるとした方が正しいようだが、このときの来日は帰国の記事が見えないところから見ても、何年間かは滞在していたと思われる。

一国に二人の王は不要

義慈が軽皇子として倭国に滞在し、反山背王朝勢力を結集していく様子は、舒明朝の後半の『書紀』の記事からも分かる。

まず、百済客の条に続いて、「一つの茎から二つの蓮の花が咲いた」とある条は、讖緯説的に解釈するよりも、一国に山背と軽という二人の王がいることを暗示していると単純に解釈した方がよいかと思う。

一国に二人の王がいるような状態で平穏にすむわけはない。先に述べたように、翌舒明八年正月条に日蝕の記事が見える。日蝕はもちろん、日《ひ》の御子《みこ》である大王が蝕されるのだから、大王の権威にかげりをもたらす事件があったことを暗示するものである。三月には、采女を犯した者たちを罰したとあるが、采女は、もちろん朝廷に仕える女性である。三月は武王が大宴会を催しているから、山背は百済に行って不在だったかもしれない。倭国に滞在中の太陽王がなした反山背の行為の一つと考えられる。

五月に霖雨があって大水が出たとある条は、旧暦の五月は梅雨の時期だから、長雨が降るのは当然のことである。わざわざ、このことを記載しているのが問題なのだ。推古朝の条で述べたように、陰が勃興する、すなわち簒奪者の台頭を暗示しているのである。ここは何か内密にクーデター事件があったと見られるが、それは続いて六月に岡本宮（明日香村岡）が火事にあったという記述によっても分かる。岡本宮には中大兄たちが住んでいたのではないか。

これら一連の山背朝転覆に見える陰謀はすべて、今までは蘇我蝦夷・入鹿父子のなした行為ととらえられてきたが、考えてみれば『書紀』は、蝦夷ら蘇我氏のいわば悪行の数々を誇張こそすれ、隠蔽したことは一度もない。したがって、舒明紀の讖緯説的表現は、すべて孝徳の所業にかかるといって間違いないと思う。蝦夷は具体的には、同年七月条にあるように、鐘を鳴らして合図をするから、群臣たちはきちんと朝参するようにという大派《おおまた》王の命令を聞かず、山背王朝を軽んじただけだったのだ。

舒明八年の是歳条に、大いに旱《ひでり》が続いて天下の人が飢えたとあるのは、事実、旱も続いたのであろうが、推古朝の箇所で述べたように、政情が不安定な様子も暗示させているのだ。具体的に見ると、魯《ろ》の僖《き》公二一（BC六三九）年の旱が該当するかもしれない。僖公はその国によりかかり、炕陽《ドライ》で人心を失い、その上、南門を造築する土木事業を興して、人民を苦しめたために、大旱があったという（『漢書』五行志中之上）。

百済の武王を頼りに、国内ではタリシヒコ時代と同じように大王として君臨することに固執する山背が目に見えるような気がするではないか。「百済本紀」には同年三月、王が泗沘《サビ》河（錦江）のほとりで大宴会を催したことが特筆されているから、先述したように、山背大王は百済を訪れて武王と会っていたのかもしれない。聖徳太子に対する後世の信仰に近い崇拝や山背一族滅亡の悲劇への同情から、次第に山背が人格者のように評価が変貌したのであって、山背と同時代に生きた人々にとっては、残念ながら、彼は二代目にありがちな世間知らずの弱点が、かなり典型的に見える王だったようだ。もちろん、山背も不評だったが、山背不在を好機ととらえ、義慈（孝徳・太陽王）が倭国制覇の実力行使をしていたのではないだろうか。

この年の五月に百済が新羅の独山城《トクサン》（所在地不明）を攻めて失敗している。この百済軍は武王の命令によるものではなく、太子の義慈（孝徳・太陽王）によることは『書紀』の翌年の舒明九（六三七）年の天狗という流れ星の条で分かる。

『晋書』（志二・天文中）によると、天狗とは大流星に似て、色は黄色、狗《いぬ》の鳴くような音がする。隧《お》ちた場所では火が天を衝《つ》いて燃えるように見える。一〇〇〇里以内に敗戦があり将が殺され、人が相食う流血惨事があるという。その結果、大乱があって君主はその土地を失い、易姓《えきせい》革命が起きるという。この天狗が九年二月条では、東から西に流れたというのである。

　この記述は具体的には、舒明九年是歳条に見える東国の蝦夷の反乱をいうのであろう。九年是歳条には次のようにある。

「東国の蝦夷が背いて朝貢しないので、上毛野君形名《かみつけのきみかたな》を将軍として討伐に向かわせた。しかし、東国の蝦夷に敗れて城砦に逃げ込んだが囲まれてしまった。形名が途方にくれて恐れおののいていると、形名の妻が夫を叱咤激励し、酒を飲ませて元気をつけ、妻自身はみずから夫の剣を帯び、女子数十人に弓矢の弦を鳴らさせて進軍した。形名もようやく妻の後から進んだので、東国の蝦夷たちは敵兵が多いと錯覚して兵を引いた。そこで散り散りになっていた味方の兵を集めて東国の蝦夷を大いに破った」

この東国の蝦夷の反乱軍は「天狗」によって表意されており、天狗が東から西に行ったとあるところから見て、蝦夷の軍勢が東国から大和方面に進軍したのが分かる。『書紀』には蝦夷とあるが、私は蘇我氏の兵力の出所地でもあり、後には高向玄理らによって編成された、主に高句麗から日本海を渡って東国に移住していた渡来系の人々の兵団だったと思う。この兵団を指導したのは、もちろん高句麗育ちの太陽王であり、百済では太子の義慈であり、倭国では軽皇子と呼ばれる孝徳だっただろう。

このときは、軽が蘇我一族の暗黙の了解のもとに、東国の兵団を大和に侵攻させた可能性が高い。軽の目的は山背王朝打倒のみならず、山背と連合する百済武王を終わらせることも計画のうちにあったはずだ。それは「百済本紀」に、天狗の出たとある六三七年の同じ二月条に、王都に地震があったとあり、翌三月条にも地震の記事が見えることによっても窺える。地震とは地、すなわち人民が動くという意味で反乱を意味する。太子の義慈の反抗を「百済本紀」は、このように間接的表現で暗示しているのだ。

高句麗の敗戦

倭国では東国の蝦夷の反乱事件を契機に各地で争乱が相次ぎ、山背王朝の寿命を縮めていったようである。そこでいよいよ、『書紀』の舒明朝の末期、舒明一〇年以後を見よう。

「一〇年七月一九日に大風が吹いて、木を折り家屋を壊した。

九月に霖雨が降って桃李の花が咲いた。

一〇月に有間温泉宮《ありまのゆのみや》に幸《いでま》す。

是歳、百済・新羅・任那が朝貢した。

一一年正月八日に、車駕《すめらみこと》（しゃが＝天皇のこと）は温泉より還御《かんぎょ》した。一一日に新嘗《にひなへ》をした。（本来は前年十一月にすべきところを）有間温泉に行ったので、新嘗をしなかったのであろうか。一二日、雲がないのに雷が鳴った。二二日に大風が吹いて雨が降った。二五日に長星が西北に見えた。この時、僧侶の旻が『彗星だ。この星が見えると旱魃《かんばつ》がある』といった。

七月に『今年、大宮及び大寺を造る』という詔があった。百済川の側《ほとり》が宮処《みやどころ》とされた。

そこで、西の民は宮を造り、東の民は寺を造った。書直県《ふみのあたひのあがた》を棟梁にした。

九月に唐国の学問僧の恵隠《えおん》・恵雲《えうん》が新羅の送使に従って入京した。

一一月一日に新羅からの客人を朝廷は饗応した。それによって冠位を一級賜った。

一二月一四日に伊豫温泉に御幸した。

この月に百済川のほとりに九重の塔を建てた。

一二年二月七日に、星が月に入った。

四月一六日に天皇は伊豫から帰って厩坂宮《うまやさかのみや》にいた。

五月五日に大設斎《をがみ》を催し、恵隠を招いて無量寿経を読ませた。

一〇月一一日に唐国の学問僧の清安《せいあん》、学生の高向漢人《あやひと》玄理が新羅を通って来た。百済・新羅の朝貢使者たちも彼らに従って来日した。

そこで、各々の人に爵一級を贈与した。

この月に百済宮に徙《うつ》った。

一三年一〇月九日に天皇は百済宮に崩じた。

一八日に宮の北で殯《もがり》をした。これを百済の大殯《おおもがり》という。このときに東宮開別皇子《まうけのきみひらかすわけのきみ》、年一六だったが、誄《しのびごと》をした」


舒明朝末期の条は、武王と山背の行為が同じ天皇として並列して記載されており、解釈がきわめて難しいのが特徴である。

舒明一〇年条の一連の讖緯説的な記載は、倭国内の事件ではなく、高句麗と新羅の戦いを寓《ぐう》しているようである。

舒明一〇年は六三八年だが、「新羅本紀」を見ると、九月に雨とともに黄色の花が降ったとあり、一〇月に高句麗が新羅の北辺の七重城《チルチュン》（京畿道坡州市）に侵攻したが、大敗して撤退したという。黄色の花が降ったというのは、五行志でいう「黄祥」だろうが、具体的な意味は分からない。ただし、五行思想でいうと、天智は金徳の王朝だった（拙著『高松塚被葬者考』）から、斉明朝を皇極の重祚《ちようそ》として勘定に入れなければ、天智の前の孝徳朝は土徳の王であり、色は黄色で表わされる。したがって、このときの高句麗勢は、太陽王、つまり孝徳主導の軍勢だったと推測される。この太陽王主導の高句麗軍の新羅への侵攻と敗退は、『書紀』舒明一〇年七月条の「大風が吹いて木を折り、家屋を壊した」に相当する。『漢書』（五行志中之上）の魯の文公一三（BC六一四）年条に、太室の屋根が崩壊したが、これは「金が」木を損《そこ》なったからであるという。

高句麗は前述したように木徳の王朝であり、新羅の王家は当時、金氏であった。木徳の高句麗が金氏の新羅に敗れたのを、『書紀』では、このように讖緯説によって書き留めたのである。

九月条の霖雨や桃李の花の条は、推古条で述べたように、臣下の陰謀の兆《きざ》しを象徴するものである。具体的には、当時、太宗が隆を百済太子として認知したが、義慈（高句麗太陽王）を百済の太子として承認しなかったことへの反発から、高句麗が親唐派の新羅に攻め込んだと推量される。

高句麗といっても、当時の親唐派の高句麗王の栄留王ではないのは明らかである。太陽王の孝徳は、私見によればこのとき倭国に滞在中である。

では、高句麗から新羅の北辺に侵攻した軍勢の指揮者はいったい誰なのだろうか。

絶対的な候補者が一人いる。それは六四二年に栄留王を弑殺して、唐国に反抗した蓋蘇文（倭国では大海人）である。蓋蘇文は六二二年生まれと推定されるから、六三八年のこのとき、数え年の一七歳のはずである。

現代の一七歳と違って、当時でいえば、すでに若武者である。この頃から、蓋蘇文は東アジアにあって、生涯、唐国に反抗し続けることになるのである。

「東海の水が赤くなった」

ともかく、高句麗の敗戦によって、百済武王と山背は一息つき、一〇年是歳条にあるように、百済とともに新羅・任那の使者を迎え入れた。

この一時期、倭国の山背は共通の敵である高句麗と対戦した新羅と和合した様子が窺える。

舒明一一（六三九）年正月条の、雲なくして雷が鳴るというのは、『晋書』（志二一・天文中）の恵帝太安二（AD三〇三）年八月条の「天の中が二つに裂け、雷のような声がした。君道《くんどう》が欠け、臣下が専僭《せんせん》するしるしである」というのに該当しよう。次に西北に見えたという彗星は、後述するが、皇極二年六月条から見て、蓋蘇文が西北の高句麗から来日したことを表意していることがわかる。彼は前年、新羅に出兵して失敗し、高句麗から直接、日本海を渡って来日したらしい。もちろん、孝徳の助っ人としてやって来たのである。

『書紀』には見えないが、蓋蘇文は来日して軍事行動を起こしていたと思われる。「新羅本紀」の同六三九（善徳王八）年条に「七月、東海の水が赤く、かつ、熱くなって魚や亀が死んだ」とある。讖緯説でいえば、赤は兵火、水及び魚や亀など水と関わる動物は、陽に対する陰で下層の者を表わすから、新羅から見れば東海にあたる倭国に、蓋蘇文が戦乱を起こしたのを暗示させているようだ。

蓋蘇文は残虐無道といわれても仕方のない行為をしているが、孝徳に対しては助力を惜しまず、生涯を通じて裏切ることはなかった。

倭国が高句麗の太陽王こと、孝徳に簒奪される危険があることを知った唐国は、同年九月条に見えるように、山背王朝をバックアップするため、学問僧という名目で新羅使者に同道させて使者を送り込んでくる。太宗は山背には失望したらしいが、それでも高句麗の太陽王の倭国王成立はなんとしても阻止したかったのである。

舒明一二（六四〇）年二月条の、星が月に入ったという「星」は客星であり、凶事を表わすが、この凶事は百済の武王に降りかかったものだった。

同じ年の武王四一（六四〇）年正月条の「百済本紀」に、西北の方に孛星《はいせい》が現われたとある。孛星とは彗星のことをいい、何度もいうように悪者の侵入を意味する。具体的には『書紀』の同年一〇月条に見える、唐国から帰国した高向玄理らを指すのではないかと思う。彼らは親唐派の新羅を通って帰国しているから、唐国の内密な命令によると思われるが、前年九月来日の恵隠らの調停がうまく進行しなかったことが彼らの帰国を促したのかもしれない。

そこで気になるのは、「高句麗本紀」の同（栄留王二三）年九月条に見える、「日に光がなくなったが、三日後に明るくなった」という記事である。日とは国王を表象するから、栄留王に九月の一時期、何かよからぬ事件があったと見られる。高向玄理らは一〇月に倭国に到着しているから、唐国から帰国の途上の九月に高句麗にいたかもしれない。はっきりと推測をいえば、高向玄理は、このとき太宗の命令よりも、蓋蘇文の片棒を担いで、栄留王か武王のどちらかを消そうとしたのではないだろうか。

玄理という人は、おそらくは太宗の命により、推古朝末の六二二年、福因らと帰国し、馬子殺害の手助けをしたらしいが、次の太陽王（孝徳）に否定的な太宗には多少の反感を持っていたのかもしれない。

当時、高句麗にも百済にも、そして倭国にも王は現存した。百済の太子となってはいるが、義慈はその頃、すでに四〇歳くらいの壮年である。本人にかなりのあせりがあったであろうことは想像に難くない。しかし、太宗にはタリシヒコの遺子である山背倭国王を孝徳に代える意志がないのであるから、高句麗と百済と新羅しか、国王の座はないことになる。

孝徳（太陽王）は表向き栄留王の弟とあるから、高句麗王になれる可能性を持つ。また、唐国は認めないとはいえ、倭国と百済の間では正式に百済太子である。血縁関係でいえば、表向き武王にとっては、義慈（孝徳）は妃の皇極の弟だから義弟にあたる。孝徳（太陽王）は新羅王だけに縁がない人なのである。そこで、まず血縁からして可能性のある高句麗王たらんとして、玄理に要請して栄留王の命を狙ったが失敗した。残るは武王だけである。

武王は翌六四一年三月に死んだ。そして、ただちに太子の義慈（孝徳・太陽王）が即位した。

武王の治世は四二年間の長きにわたったが、生涯を通じてタリシヒコに忠誠を尽くし、倭国の山背をよくバックアップした。彼は為政者としては、珍しく信義の厚い人だったといえよう。しかし、決して信義だけの人ではなく、中国で隋から唐に王朝が交代する難しい時期に次々に周辺の王たちが死んでいく中で、よく身を守った人でもあった。太宗は武王の死を悼《いた》んで、玄武門に出て哀悼の意を表したと「百済本紀」に見える。

『舊唐書』（列伝一四九上・東夷）にも『新唐書』（列伝一四五・東夷）にも、ただちに太宗は義慈を帯方郡王に任じ、百済王としたとある。

この時期、太宗は義慈が百済王となることには、しぶしぶ同意したようである。しかし

「高句麗本紀」には武王の死んだ六四一年条に、太宗は陳大徳《ちんだいとく》という人を高句麗に行かせて、高句麗の内情を探らせたとある。そして、太宗は大徳に、数万の軍勢で陸路を遼東に侵攻させ、一方、東萊《とうらい》（山東半島東端）から水軍で海上を平壌に向かえば高句麗を攻め取れる、と語ったという。事実、太宗は六四五年から、この通りのルートを取って高句麗を攻めている。太宗は義慈が百済王になるに及んで、その背後にある高句麗の蓋蘇文の存在を無視しえないことを、すでにこの頃から認識していたようである。

太宗はやむをえず、義慈の百済王就任を認めた。しかし、義慈が倭国王孝徳となって、百済と倭国の王を兼任することは、最後まで断固として拒絶したのである。その間の事情は、『書紀』の皇極朝といわれる条によって説明したい。

蘇我氏一族の紛争から「乙巳の変」まで

さて、これまで蘇我氏の紛争について『書紀』の記述のまま見てきたが、非常に矛盾が多い。馬子が死んでから、最後に舒明が即位したとあるが、これは『書紀』の上での操作である。実際は馬子の長子、蝦夷が山背王朝を擁立していた。

蘇我氏一族の騒動の仕掛人は誰か。

それは必ず唐との関連において存在するはずだ。ここで私見を要約して、これまでの蘇我氏の騒動について述べ、それが「乙巳の変」につながってゆくことを説明したい。

話は古くなるが、五八〇年代末、ササン朝ペルシア王のホスロー二世は、エジプトなど西方の遠征に先立って達頭（聖徳太子）に東突厥の征伐を命じた。達頭は東突厥征伐にあたって、ホスローの血縁の女性を娶《めと》った。

一方、達頭は高句麗が東突厥を救援するのを阻《はば》むため、高句麗嬰陽王の側室をみずからの後室に入れた。その女性はすでに嬰陽王の種を宿していたらしく、五九〇年代初めに男子を産んだ。

その男子が高向玄理である。名からして高句麗の一族であることを示している。同じ頃、ホスロー二世の一族の女性から生まれたのが斉明である。したがって、斉明と高向玄理は両親が違うため、しばらくの間、婚姻関係にあったらしい（『一代要記』）。

そのうち達頭は隋の煬帝に追われて五九九年末、高句麗を経て倭国に亡命した。そのときに、高句麗への礼として自分の妻、すなわちホスロー二世の血縁の女性を置いていった。そして六〇一年頃に生まれたのが太陽王である。太陽王という名からして達頭を彷彿《ほうふつ》とさせるが、高句麗の国人は、太陽王が嬰陽王のたった一人の男子であるのに、即位を認めなかった。その出生の秘密を誰もが知っていたようだ。

婁陽王の跡を継いだのは弟の栄留王だった。婁陽王一族を、まだ若い十代の大海人皇子を使って六四〇年に殲滅《せんめつ》させた。

先に述べたが、六二六年に馬子が没したとき、高句麗が介在したように『書紀』は暗示している。その「高句麗」とは高向玄理であり、当時、唐の留学生として大和に来て蘇我氏の紛争に介在していた。それから太陽王も、讖緯説的表現ながら、倭国に滞在していたらしい。馬子の死に二人が関わっていたのは間違いない。

玄理と太陽王の両者は、終生固く結ばれ、ともに六六〇年頃、唐によって殺されることになる。

また、太陽王は栄留王を殺すと、舒明の跡を襲い百済王になって、斉明と中大兄と間人皇女を島に追放した。すでに山背王朝の滅亡は目の前に迫っていたのである。

以上のことを知っておかなければ、山背滅亡と「乙巳の変」は理解できない。

倭国と半島争乱

武王（舒明）が死ねば、当然、百済王の座をめぐって三国と倭国の間で争乱が起こる。

「百済本紀」では、義慈は武王の死んだ六四一年八月に使者を唐国に派遣したとあるから、武王の死の前後に倭国から百済に行ったたと見られる。「百済本紀」ではこの年、即位したことになっている。

翌年の六四二年七月に、「新羅本紀」に高句麗と謀《はか》ってとあるが、おそらく蓋蘇文と連合して、義慈はみずから出軍し、新羅の四十余城を降《くだ》した。翌八月には新羅の大耶城《テヤ》（高霊）を落城させ、降伏した城主の品釈《ひんしゃく》と、その妻を殺した。品釈の妻は金春秋の娘だったから、この事件以後、金春秋にとって義慈は不倶戴天《ふぐたいてん》の敵となったのである。

金春秋は唐国に救援を求めただけでなく、親唐派の高句麗の栄留王に援軍を求めるべく、みずから高句麗に出かける。春秋の要請に、栄留王は竹嶺《チュンニョン》（慶尚道と忠清道の境界にある山）より西北の土地を返還すれば、百済に出兵してもよいという返事をした。春秋がその要求を断わると、栄留王は彼を別館に拘留した。そこで、春秋は密かに潜入していた新羅の使人に急を本国に伝えさせたので、新羅は金庾信、つまり「壬申の乱」前に鎌足から船を贈られる新羅の名将に、一万の兵を率いさせて春秋の救出に向かわせた。

金庾信らが漢江を渡って高句麗の南境に到着したという噂を聞いた栄留王は春秋を釈放した上に、庾信を押梁州軍主に任じたのである。後年、蓋蘇文は金庾信と共同して、唐国に抵抗するようになるから、庾信の軍主就任には蓋蘇文の意向が働いていると思われる。これより見て、すでに当時から、栄留王は蓋蘇文の傀儡《かいらい》に近かったことが分かる。

しかし、蓋蘇文にとっては、親唐派の栄留王が、唐国に遠慮して金春秋を放免したことは大いに不満だったらしい。このことが直接の原因と思われるが、二カ月後の同年一〇月、栄留王は蓋蘇文に弑殺される。蓋蘇文は宮城の南で盛大な酒宴を設けて大臣以下百寮を招待し、招待客が到着すると一網打尽にして殺した。殺された人は一〇〇人以上だったという。それから、宮中に乱入して栄留王を殺し、死体をずたずたに断ち切って、溝に捨てたのだった（「列伝」九）。

この後、蓋蘇文は高句麗の実権を握り、宝蔵王を擁立した。その宝蔵王だが、宝皇女といわれた斉明と玄理の間には、大蔵という姓の子が何人もいる（『一代要記』）。おそらく宝蔵王は、その名に「宝」の字があるところから見て、もともと夫婦だった斉明と玄理との間に生まれた子であったと推量される。宝蔵王は六六八年に高句麗が滅びるまで高句麗王だった。玄理は宝蔵王を守り独裁政治を行ない、六四五年からの太宗の高句麗征伐を誘発するのである。

栄留王が蓋蘇文に殺された翌年の六四三年に、百済の義慈は高句麗と連合して、新羅の入唐の道を塞いだ。そこで新羅は九月に唐国に使者を出して救援を乞《こ》うた。太宗は里玄《りげん》奨《しょう》という人を三国に派遣して、諭告をしたので、義慈は陳謝の上表をし、あらためて翌年、武王の長子の隆を太子に任じる。

一方、太宗は高句麗に対しては対戦の意志を固めていたが、長孫無忌《ちょうそんむき》（重臣で太宗の後見役）の助言によって、一応、宝蔵王を高句麗王に冊封したことが「高句麗本紀」に見える。

六四四年九月には、百済に対して守勢にまわっていた新羅が攻撃に転じ、金庾信を大将軍に任じて百済を攻め、大勝利を博した。

新羅に敗退した義慈の百済王としての立場はたちまちゆらぎ、来日したらしい。義慈が来日したことは同年一〇月の山背王朝の滅亡と関連している。新羅の金春秋は推古朝末期から善徳王に代わる新羅王の座を狙っており、太宗も春秋の新羅王就任の要望には反対しなかったようである。

「百済の客」とは誰か

一方、倭国では『書紀』の上での舒明朝は終わっても、山背が死んだわけではない。

山背は一族が滅ぼされるまで、形の上では倭国王だったのだ。しかし、内憂外患の渦中にあって、後盾の武王が生存中すら、きわめて不安定な王権であった。したがって、武王亡き後、山背王朝がまさに風前の灯のような状態だったことは想像に難くない。

『書紀』では、舒明の死んだ六四一年の翌年六四二（壬寅）年が皇極元年になっている。正月二九日条に、阿曇連《あづみのむらじ》比羅夫《ひらふ》が筑紫から急ぎ上京して、百済から舒明死への弔使が筑紫に来たこと、百済に内乱が起こったことを報告してきたとある。二月に、朝廷は比羅夫らを百済の使者のもとにやって、事情を聞かせると、彼らは前年の一一月に大佐平《だいさへい》（百済の官位一六階のうちの一位）の智積《ちしやく》が死んだこと、百済の使人が崐崘《こんろん》（東南アジア）の使者を海に投げ込んだこと、この年の正月に国王の母が死に、弟王子の翹岐《ぎようき》（中大兄）とその母と妹ら女子四人、及び高官四〇人あまりが嶋に放逐されたことなどを報告した。

舒明の弔問使という、これら百済使者は、筑紫に一旦、足止めされ、比羅夫が急ぎ上京して報告しているところから見て、山背朝廷には前もって知らせのない突然の来日だったことが想像される。弔問という儀礼上の来日の場合は倭国側にその準備ができているので、筑紫に留められるはずはないのである。おそらく彼らは、百済王になった義慈によって嶋に放逐された翹岐らが、内密に派遣した使人だったと思う。時期から見て舒明の弔使というにふさわしいので、『書紀』が舒明の弔問使にふりかえたのであろう。

ところで、百済使人のいう、翹岐らが嶋に追放された「この年の正月」とは、間違いなく六四二年の正月である。

ところが、翹岐らの追放の記事に続く同じ皇極元年二月条に高句麗使人の話が見えるが、この条は翌年の六四三年のことに間違いないのである。その二月条には、六日に高句麗使人が難波津に来たこと、二一日に諸大夫を難波郡に行かせて、高句麗使者が持ってきた金銀などの贈物を調べさせたことなどの記述が見えるが、実はそのときの高句麗使者の言葉が問題なのである。

『書紀』には次のようにある。

「去年の六月弟王子（太陽王）が死にました。九月に大臣の伊梨柯須弥《いりかすみ》（蓋蘇文）が大王（栄留王）を殺し、伊梨渠世斯《いりこせし》ら合わせて一八〇人余りを殺しました。そこで弟王子の息子を高句麗王にしました。そして（蓋蘇文は）自分の親族の都須流金流《つするこむる》を大臣にしました」

蓋蘇文が栄留王を殺したのは、間違いなく六四二年である。ここで、高句麗使人は「去年の九月に栄留王は殺された」といっている。六四二年が去年なら、高句麗使人の来日した「今年」は六四三年に間違いないことになる。

これより、『書紀』では、百済の内乱によって翹岐らが追放されたという報告があった条までが六四二年の出来事であり、同じ二月条でも、高句麗使人の報告以後は六四三年の事件としなければならない。

このとき、高句麗使人とともに「百済の客」が来日したとある。この百済客こそ、先年の六四二年、武王の死後に追放された翹岐なのである。

百済客が翹岐であることは、二月二一日条に高句麗使者の報告を聞いた朝廷が「高麗《こま》と百済の客を難波郡（小郡・外国人を接待する館）で饗応した」とあって、二四日条に「百済客」を阿曇山背連《あづみのやましろのむらじ》家に安置したとあることによって明らかだろう。しかも二七日には高句麗の使人も百済の使人も帰国したとあるのに、百済の客は帰国したとは見えない。客という場合、先述したように、使者より身分の高い王族などを指すから、この場合の百済客は翹岐をおいてないのである。

翹岐は阿曇比羅夫の先導で、高句麗に助けられて追放先の嶋を脱出して、倭国に来ることができた。比羅夫は、斉明朝から六六二年の「白村江の戦い」の頃まで、大海人に密着している大海人の忠臣である。翹岐はこの後、高句麗と連合して唐国と戦わざるを得ない借《か》りができたのである。

翹岐は亡き武王の子である。そして後の重要人物中大兄は、武王の投影された『書紀』だけの天皇、舒明の子である。この後、翹岐の名は皇極二（私見では六四四）年四月条をもって突然消え、皇極三年（私見では六四五）年正月条の鎌足との蹴鞠《けまり》の遊びの場面で、中大兄が突然登場する。先述したが、翹岐は中大兄の百済王子時代の名であったと考えている。

翹岐は『書紀』に母と妹らとともに追放されたとあるから、皇極と間人も、中大兄とともに来日したと思われる。

先に述べたように、皇極元年に来日した高句麗使人は、弟王子（太陽王）は六四二年六月に死んだといっているが、「高句麗本紀」には何も見えない。のみならず、太陽王は「高句麗本紀」で宝蔵王の父としてしか登場しない人物なのである。ともあれ、高句麗では太陽王は六四二年六月をもって死んだとされたのであろう。

ちなみに、『書紀』では武王は六四一年一〇月、「百済本紀」では同年三月に死んで、ただちに義慈が即位したことになっているから、六四一年は義慈王二年になる。六四一年の武王の死の直前に、それまで倭国にいた義慈（孝徳）は百済に行き、どう見ても武王を暗殺したとしか考えられない。当時、一六、七歳の若者だった翹岐は、百戦錬磨の義慈の敵ではなく、追放されることになったのであろう。

『書紀』によると、翹岐は六四二年の正月に「嶋」に追放され、翌六四三年の二月に来日したことになる。彼らはおよそ一年間、嶋にいたことになる。彼らが追放された嶋は、おそらく済州島《さいしゅうとう》であろう。

皇極にとっては弟、中大兄にとっては叔父にあたる義慈だが、追放されたとなると義慈こと孝徳と中大兄らの関係がよかろうはずがない。この後、山背王朝を滅ぼして、孝徳朝となってから、両者の調停に高向玄理や鎌足が非常な努力をし、それはかなりの成功を収めていたのである。もっとも、中大兄の一方的な譲歩の上に成立したものではあったのだが。

鎌足の正体

ところで、来日した翹岐らは阿曇山背連の家に落ち着いたが、六四二（皇極元年条）年四月八日に朝参した後、一〇日に蝦夷が翹岐を畝傍山の自宅に招いて親しく懇談し、馬や鉄（鉄鋌《てってい》のたぐいか）などの贈物をしたという。

この時期、蝦夷は義慈への反感からか、翹岐を快く迎え入れている様子が窺える。同年七月九日条に「客星が月に入った、二二日に百済使人の大佐平智積らを朝廷が饗応した」とある。客星が月に入るのは、凶事の侵入をいうが、この場合、智積が客星にあたると思われる。先に述べたように、大佐平は百済の官位の一位という高官だが、智積は皇極元年二月条に、前年の一一月に死んだとある人である。彼は宮中から帰る途中、「翹岐の門を拝す」とあるから、翹岐の屋敷を訪ね、翹岐と意を通じようとしたのであろう。

智積は百済では死んだことにして来日した人だから、いわば亡命者であり、『書紀』には当然、帰国の記事は見えず、この後、倭国に滞在し続けた人であることは疑えない。しかし智積という名では、この後『書紀』には登場しないから、彼がどうなったか分からない。ただし、智積に該当する人物は存在する。

それは鎌足である。

鎌足はすでに述べたように、舒明朝の初め、義慈の百済太子成立に尽力した功積によるらしいが、大織冠を賜ったけれども固辞したといわれる。彼は義慈が推古朝末に倭国に滞在中に知り合い、義慈について百済に行っていたのかもしれない。彼の再来が『書紀』では凶事の讖緯説的表現になっているのは、このときの山背王朝にとっては凶事以外の何ものでもないからである。

智積という名が私の想像通り鎌足の百済名とするならば、彼は義慈が百済王となったことで、義慈に対する一応の勤めを終え、武王と皇極との間の子という血統的に侮りがたい翹岐の倭国王就任を監視するために来日したと私は見ている。もっとも、鎌足という人はきわめて複雑な人で、後に中大兄の息子の大友《おおとも》皇子に娘を嫁がせるなど、どこに真意があるのか判然としない政治家である。しかし、彼は最終的にはアンチ唐国の人だったから、蓋蘇文の意向に沿って行動していた。

同じ七月条に次のような記載がある。

旱《ひでり》が続いたので、群臣が蘇我大臣（蝦夷）に「村々の祝部《はふりべ》が教えるままに、牛馬を殺して神を祭ったり、市を移したり、河伯《かはのかみ》に祈ったりしましたが効果がありません」と報告した。そこで、蝦夷は「寺寺で大乗経典を読ませ、仏の説かれるように、悔過《くえくわ》して雨を祈ればいい」と答え、大寺の南庭に仏像と四天王像を飾って、多くの僧侶に大雲経を読ませた。そのとき、蝦夷はみずから手に香炉を執って香を焚《た》き、請願すると小雨が降った。

それ以上は降らなかったので経を読むことを取り止めたのだった。

八月一日に、天皇（皇極）が南淵の河上に行って、ひざまずいて四方を拝《おが》み、天を仰いで祈ると雷が鳴って大雨が降り、五日間降り続けたので天下はことごとく潤い、百姓は喜んで万歳を称し「至徳にまします天皇だ」と称えたという。


最初の村の祝部が教えた、牛馬を殺して神に祈ったり、市を移動して祈ったり、河伯に祈ったりする祈雨の請願《きう》は、市の移動を除いて、中国や騎馬民族に関係なく、ほとんどアジア全体を通じて存在する風習である。強《し》いていうなら北方民族の風習といえるかもしれない。ただし『書紀』に見えるこの条は、「村々の祝部」とあるが、時の朝廷山背大王が指導した祈雨の祭と見られる。そこで、山背大王の請願は天に届かなかったこと、つまり、天意が山背になく、人心が離れていることをこの条が暗示させていると思う。

次に蝦夷の仏への請願は、わずかに小雨が降りはしたが、天下を潤すには至らなかった。

そこで、天皇とあるが、この場合、まだ即位していないが皇極を指し、皇極が南淵の河上で四方拝をすると大雨が降ったというのである。四方拝は北斗七星信仰に由来し、本来、長寿を祈願する道教の作法にあるといわれる（福永光司《ふくながみつじ》他『日本の道教遺跡』朝日新聞社　一九八七年）。

道教は北方シャーマニズムの影響を受けているといわれるが、皇極と道教的礼法の関係はこれからの課題として、とにかく皇極が呪術的才能を持つ高貴な女性というイメージを民衆に与えて、後の斉明朝成立の伏線にしたのは確かであろう。

天皇の葬礼に送られた代理人とは

同じ八月条に、百済の使人が船を贈物にもらって帰国したとあり、続いて高句麗・百済・新羅の使人が帰国したとある。私見では皇極元年二月以後は六四三年で、百済と新羅の対立の最中にあり、新羅が唐国に救援を求めた年である。この三国の使人は呉越同舟で、親唐派の新羅は山背に、高句麗、百済は倭国の実力者蘇我氏にというように、それぞれの国が倭国に援軍を求めて来日したのであろう。

同年九月条に「天皇が大臣に、一二月までに宮室を造りたいので、各国ごとに材木を徴収し、東は遠江《とおとうみ》、西は安芸《あき》の国までの地方から、宮を造る丁《よほろ》（公用の人夫）を徴発せよと命じた」とある。この条の天皇は山背と思われるが、内憂外患のおりにもかかわらず、事態の把握ができない人だったのだろうか。

はたして、越国の蝦夷が数千人内附《まうきつく》（内通）したとある。越国の蝦夷が内通した相手は大臣の蘇我蝦夷だった。それは翌一〇月に、二回にわたって地震の記事があり、蘇我大臣が自宅に蝦夷を招待したとあることによって分かる。ただし、このエミシ（蝦夷）が、高句麗ルート上にある越のエミシであることと、内附という言葉を使っているところより見て、蓋蘇文に代表される高句麗と蘇我蝦夷が、この一時期、山背に対抗して内通していたのかもしれない。したがって、エミシは蓋蘇文の命によって反乱を起こしたと考えられる。山背はこのように、知らないうちに、みずからを破滅に追い込んでいったのである。

蘇我大臣が越国の蝦夷を招待したという同じ日に、新羅から舒明の弔問と登極の祝賀を兼ねた船が壱岐《いき》嶋に到着したとある。続いて地震の記事が見えるから、弔問と祝賀使人の来日というのは『書紀』の脚色であり、新羅が倭国の様子を探りにきたというのが真相だろう。新羅の金春秋に山背が要請したのかもしれない。それは続いて地震の記事があり、同月、「夏の令を行なう。雲なくして雨降る」と、一〇月の秋に夏の政《まつりごと》をしたことなど、讖緯説的表現で異常事態を表現していることから推測される。

同六四三（皇極元）年一一月条には、盛んに西北方面に雷の音がしたという表現で、外国の介入を暗示する記載があり、また冬にもかかわらず、春のように暖かかったとある。これは『漢書』（五行志中之下）にいう暑さ続きの象であり、あやまちを重ねながら懲罰が行なわれなくなった事態をいう。『書紀』のいう「あやまち」とは、続いて見える天皇・後の皇極・大臣が各々《おのおの》新嘗を行なったことを指すと思われる。新嘗祭は当然、天皇一人が執り行なう儀式だから、大臣などが勝手にするものではない。この記述は、すでにこの頃、山背王朝は有名無実だったことを示すものであり、山背には、蘇我氏らの専横を抑えるだけの力がなかったことを物語っているのだ。

同年一二月条に、初めて舒明の発喪をしたとある。ここで注意を引くのは、巨勢徳太が大派皇子に、粟田細目《あわたのほそめ》が軽皇子に、大伴馬飼が大臣すなわち蝦夷にそれぞれ代わって誄《しのびごと》をしていることである。天皇の葬礼に大臣まで代理人を立てるのは、いかにも奇妙である。現に舒明一三年条には中大兄が誄をしたとあるではないか。

だいたい天皇の葬礼に皇子や大臣が代理人を立てるのは、礼を失するというものだろう。

そこで考えられるのは、舒明は武王だから、百済で葬儀が執り行なわれたため、倭国から代理人を送ったとすると納得できる。このようなところにも、現実に舒明という天皇は倭国に存在しなかったことを窺わせているのだ。

舒明を葬った同じ日の条に、天皇が小墾田の宮に移るとあるが、この天皇は山背を指していると思われる。もともと小墾田宮は推古が小治田《おはりだ》宮治天下《あめのしたしろしめす》天皇といわれるように、推古か、あるいはタリシヒコの宮だった。この条は九月に、一二月までに宮室を造るよう命じた条に対応しており、山背が小墾田宮を修復して移り住んだことをいうのだろう。

続いて『書紀』は「雷が一夜鳴る。その音は裂けるようだった。三〇日に天の暖かいことは春のようだった」とある。『漢書』の五行志（中之下・何休注）を見ると、冬に暖かいのは夫人が淫蕩《いんとう》な女性であり、陰にして陽行する場合にも冬に暖かいという。当時は五行志の暗示だけで、読む人はすぐに、それが誰で何を意味するか理解されたのであろうが、今となっては、この条だけでは雲をつかむような話で見当もつかない。『書紀』では皇極朝であっても、実際は山背大王時代だから、あくまでも讖緯説的表現は山背の立場から記述されている。したがってこの条は山背と、ある女性ということなのだろうか。

山背大王だけが、このように人民を使役したのではない。皇極元（六四二）年是歳条には蘇我蝦夷が蘇我氏の祖廟を葛城の高宮に建て、天子だけに許される八佾《やつら》の舞を舞わせ、国中の民あわせて一八〇の部曲《かきのたみ》を徴発して雙墓《ならびのはか》を今来《いまき》に造り、蝦夷の墓を大陵《おほみささざ》といい、息子入鹿のそれを小《こ》陵《みささぎ》と呼ばせたことなどの横暴ぶりを載せている。そこで、上宮大娘姫王《かみつのみやのいらつめのみこ》（吉備姫王をいうか）が、天に二つの日はなく、国に二人の王はいないはずなのに、蘇我氏は意のままに国民を使役すると嘆いたという。

『書紀』では六四三（癸卯）年は皇極二年で、山背一族が滅ぼされた年である。しかし、先に明らかにしたように、六四三年が『書紀』の皇極元年とするならば、皇極二年は六四四（甲辰）年で、私見では山背王朝が滅ぼされた年である。そして翌六四五年の皇極三年正月条に、中大兄に鎌足が蹴鞠の遊びのとき、近づいたとある。もともと孝徳・蓋蘇文に近かった鎌足が初めて中大兄に接触し、蘇我氏一族打倒の陰謀を伝えたのが、このときだったと推定される。

具体的に皇極二年条から見ていくと、まず正月条に「正月一日の夜明に五色の巨大な雲が天の全体を覆い、寅《とら》の時刻（午前四時過ぎ）に消えた。青い霧が地から立ち上った。一〇日に大風が吹いた」とある。五色（青・赤・黄・白・黒）の雲は普通、瑞祥《ずいしょう》とされるが、河村秀根（『書紀集解』）は五色の大雲が四方に出て、しかも雨が降らない場合は、その下にある賢人が隠れる、すなわち死ぬという『京房易《けいぼうえき》』（飛候）を引用し、次の青い霧の条については、一〇月の霧の赤いのは起兵があり、青いのは殃《おう》を為すという『望気経』という書物を引用している。殃とはとがめを意味するから、天罰が下る場合に青い霧が出るということになる。

河村秀根も、これらの天変の記事を、一〇月に起こる山背一族遭難の予兆と見ていたようだ。

『書紀』では、山背は賢人にたとえられると同時に、天罰が下ったとされている。おそらく、彼はタリシヒコゆずりの学問のある秀才タイプの人だったのであろう。

二月条には、桃の花がようやく咲いたこと、霰《あられ》が降って草木を枯らせたこと、風が吹いて雷が鳴り、みぞれが降ったことが見え、その理由を「冬の令《まつりごと》を行なえばなり」と過酷な治世のせいとしている。人民を収奪することに関しては、山背は蘇我一族におさおさひけをとらず、当時、国民の怨嗟《えんさ》の的となっていたのが、この条より知られる。権力を持つ者は権力の行使をする。山背はたまたま、タリシヒコに権力を委譲され、それを行使したにすぎないといえる。彼は他人を謀殺するなどのいわゆる悪行はしたことのない人だったのではないだろうか。ただ、順調すぎるその生まれ育ちから、為政者として国情の把握ができなかったのだろう。

そこで、人民は蘇我一族に望みをかけたと見え、続いて、国内の巫覡《かむなぎ》（霊媒者）が大勢いて大臣が橋を渡るとき（葛城高宮の祖廟に行く途中の広瀬川にかかる橋か）、「枝葉《しば》を折り取り、木綿《ゆふ》を懸掛《しでか》けて、争って神語《かむごと》の入微《たへ》なる説《ことば》を陳《の》べた」という。

三月一三日条に、難波の百済客の館堂《むろつみ》と民家が火災にあったとある。この百済客は翹岐であり、中大兄であることは、翌四月条に、翹岐が権宮《かりみや》（仮の住まい）から、飛鳥の板葺《いたぶき》の新宮（岡本宮か）に移ったとある条より分かる。

難波の館堂が火災に遭《あ》ったのが、ただの失火ではないのは、続いて「霜が降って草木の花葉を傷《いた》めた。この月に風が吹き雷が鳴って雨氷《みぞれ》が降る。冬の令を行なったからだ」とあることによって証明されよう。何度もいうように季節外れの暖かいときに霜が降るのは、軍勢を繰り出した暴力行為がある場合の表象であり、雨は陰で、下の者の反乱を意味する。

もっと具体的には、六四五年三月にあたる皇極三年三月条の讖緯説的記述がある。それによると、蝦夷の大津の屋敷の倉にふくろうが子を産み、菟田《うだ》山（奈良県宇陀市）の雪の上に紫の芝草（瑞草の一つ）があたり一面に生い茂ったという。『漢書』五行志（中之下）によると、野鳥が入り込んで住み着くのは宮殿がからっぽになることであり、それを王は悟らず、結局、身を滅ぼすことになるという。

しかし、これら讖緯説的表現からは翹岐の住まいを焼き打ちにした犯人は見えてこない。蘇我入鹿は山背謀殺のとき、中大兄と連合しているから犯人ではない。とするならば、該当者は二人いる。百済の義慈と山背である。特に山背の場合、火災の記事の後に、冬の令を行なったとある。倭国に亡命してきたばかりの翹岐が、自分の地位を脅かす勢力になるという認識が山背にあったかどうか、いささか疑問に思っていたが、同六四四年十月に山背は殺されるのだから可能性はある。

しかし続いて、近江国から直径が一寸ほどもある霰《あられ》が降ったと報告があったという記述がある。雹は陰が陽を脅かし、霰は陽が陰を脅かす表象だから（『漢書』五行志中之下）、君主が臣下を攻めたということになる。この条によって『書紀』の編者たちも密かに、中大兄の館に放火したのは山背と考えていたのが分かる。

難波の館に放火した犯人は当時ですら、分からなかったのではないだろうか。しかし、蝦夷宅に野鳥が入り込んで子を産んだ条は、中大兄に軒を貸した蝦夷が母屋を取られるという暗示に思える。

翹岐らにとっては火災がかえって幸いとなって、おそらく蘇我蝦夷の世話だろうが、飛鳥の板葺の宮に居を構えることになり、いよいよ外国人ではなく、倭国の政治の中枢に登場することになるのである。それを『書紀』が、菟田山に生えた瑞草の芝草で表現しているのであろう。

皇極元年四月条に、蝦夷が畝傍の自宅に翹岐を招いたとあるにもかかわらず、翌年の皇極二年四月条に、改めて翹岐が来日したと見えるのは、翹岐がこのときをもって舒明皇子の中大兄として倭国の政界に登場したことをいっているのだ。事実このとき限り、翹岐という名は『書紀』から消えたのだった。

来日した蓋蘇文

しかし、山背にとって、もっと始末の悪い敵が来日して来ることになる。五月一六日条に月食の記事がある。月食は『晋書』五行志（天文中）の孝懐《こうかい》帝永嘉五（三一一）年条によれば、「月食があると、その国の貴人が死ぬ」という。『書紀』の月食の記事は、『書紀』にいう皇極の母、吉備嶋皇祖母命（吉備姫王）の九月の死の予兆なのかもしれない。

六四四年六月一三日条に筑紫の大宰が、高句麗が来日したと急ぎ報告して来たとある。このように筑紫から急報があるときは、前もって倭国に承認がなく、突然、外国から人が来日した場合に限られるようである。

群卿《まへつきみ》たちは、高句麗は「己亥（舒明一一年・六三九）の年に来て以来、来なかったのに、今年はやって来た」と話し合ったという。ここで高句麗使人は舒明一一年以来なかったというが、皇極元（六四二）年には来日している。しかも、舒明一一年には高句麗から人が来たとは明記されていない。そこで私は、先述したように、舒明一一年条に「長い星（彗星）が西北に見えた」とあることから、蓋蘇文の来日を推測した。群卿たちのいう高句麗使人とは蓋蘇文を指しているのである。蓋蘇文の来日は、次の皇極三（六四五）年六月条によっても裏付けられる。

山背討伐に参加し、孝徳朝に右大臣となる大伴馬飼が、「本が異なりながら末が連なった百合《ゆり》の花を献じた」とある。漢の武帝の時代、枝の末が連なった木があった。武帝が群臣にその理由を聞くと、一人が四夷の国から来朝する人がある瑞兆と答えたという（『論《ろん》衡《こう》』指瑞五一　王充撰　AD一世紀）。馬飼の百合の条は、明らかに武帝の故事に則《のっと》っているのである。

蓋蘇文は舒明末期に来日して、倭国での地盤を固め、六四一年中に高句麗に帰り、六四二年正月に栄留王を殺害した。「高句麗本紀」によると、六四四年正月、太宗より「もしふたたび新羅を攻めるなら、来年は汝の国を討つ」と引導を渡された。このとき、蓋蘇文は新羅にあって二城を陥落させていたという。

それから彼は六四四年六月までに、新羅から百済に行って来日したと思われる。『書紀』皇極二（六四四）年六月条に、一三日に筑紫から高句麗の来日の報告があって、二三日に百済の調進の船が難波に着いたとあるからである。蓋蘇文は終生、百済義慈王と共闘していたから、このときも百済使人と同道して来たのであろう。

蓋蘇文の来日に倭国は警戒したらしい。まず、群卿を難波に行かせて、百済の調進の品々をあらためさせた。そして、前例の品よりも少ないこと、前年、気に入らずに大臣（蝦夷）が返却した贈物と違っていないこと、群卿たちへの贈物がまったくないのは前例に違《たが》うことなどを問いただしたという。それに対して、百済使人は「ただちに準備する」と答えている。この後、百済使人がどう対処したか『書紀』には見えない。

しかしここで、しっかりと記憶に留めていただきたいのは、六四四年六月に蓋蘇文が来日したということである。彼は、まず武王の息子の翹岐の亡命を援助して来日させ、倭国において、あやういながらも命脈を保っている山背王朝を倒し、次いで蘇我一族を滅ぼして倭国を専断し、倭国の兵力を対唐国戦に投入するために来日したのだ。

石母田正（前掲『日本の古代国家』）はいう。

「入鹿が山背大兄王を斑鳩に追い込んで殺したとき、当時の群卿・大夫にとって、それは王を殺し、大臣以下百名以上を惨殺した高句麗型専制の到来を予告したものと受け取られた」

まさに、山背は高句麗栄留王弑殺のときの蓋蘇文方式で葬りさられたのだ。

このように六月に蓋蘇文が来日して、いよいよ山背一族を滅亡させるスタッフが揃ったのである。

その前に、馬子の莫大な所得を相続し、山背の後盾となっていたらしい吉備姫王が死ななければならなかった。彼女の死は反山背側にとって、きわめてタイミングのよい時期ではあったが、殺されたということを証明するものは何もない。吉備姫王は皇極二（六四四）年九月に死ぬが、七月条に「茨田池《まむだのいけ》の水が腐って小さな蟲《むし》が水を覆った。その蟲は口が黒くて身は白かった。八月一五日に茨田池の水が藍《あい》の汁のような色に変わった。死んだ蟲が水を覆った。用水路の水が三、四寸の厚さで凍った。大小の魚が夏の暑さに腐れ死ぬように、腐って死んだ。その魚を食べるわけにはいかなかった」とある。

この蟲については、皇極三年七月条にも見える。それによると、東国の大生部多《おほふべのおほ》という者が始めた常世《とこよ》の蟲を祀《まつ》る新興宗教が流行した。その蟲は黒い斑点のある緑色だったという。秦川勝《はたのかわかつ》が民衆がだまされるのを憎んで、大生部多を打ち懲らしてから、流行はようやく下火になったという。

『漢書』五行志（中之下）によると、「臭悪な青い蟲（蜚《ひ》）の発生」は夫人が淫蕩で醜悪な行ないをしたときに発生するという。さらに魚は陰、人民を表意するから、皇極二年と三年の七月条を意訳すると、「醜悪な行為をする夫人をクーデターによって、庶民出身の者が殺した」ということになろうか。私はこの夫人を皇極に比定して考えていたが、どうやらそれは間違いだったらしい。『書紀』に皇極の母とあるだけで、何の役割も果たしていない吉備姫王のようである。前述したように吉備姫王は皇極と同時代の人で、母親とは考えられない。そして吉備姫王の病を天皇が手厚く看病したとあるが、『書紀』では皇極朝とあっても、当時の大王は山背だから、山背が吉備姫王を見舞った事実をいっている。これらから、蟲の讖緯説的表意の対象は吉備姫王と山背であるらしい。吉備姫王は馬子の住まいの嶋宮を継承しただけでなく、大化二年三月条に見えるように、稲を貸し出し、その利息で莫大な収入を得ていたらしい。

吉備姫王は九月一一日に死んで、一七日に土師裟婆連《はじのさばのむらじ》猪手《いて》に命じて喪を監視させ、一九日に檀弓岡《まゆみのおか》に葬ったとある。吉備姫王を葬った条に続いて、大雨が降って雷が降ったとあるから、吉備姫王の葬儀に、何らかの邪魔が入ったことを思わせるが、はたして、三〇日に「皇祖母命の墓を造る役を罷《や》める」とある。「罷」は罷免《ひめん》という語があるように途中で中断する意味を持つ。同年同月、義慈が来日しているが、吉備姫王の死に関わりがあるのか、一抹《いちまつ》の疑念が残る。

吉備姫王の墓造りは途中で止められたのである。中止を命じたのは誰か。私は蘇我蝦夷だったと思う。吉備姫王の死は決定的に、山背王朝の滅亡につながった。このときを限りに、蝦夷は形の上だけでも、山背大王を立てていた態度をかなぐり捨てたのである。

山背襲撃の真相

『書紀』では皇極二（六四四）年一一月一日に、入鹿が巨勢徳太臣《こせのとくだのおみ》と土師娑婆連《はじのさばのむらじ》をして山背を斑鳩に襲わせたとある。推古十一（六〇三）年条に、タリシヒコの弟という来目《くめ》皇子が、新羅征討の途上、筑紫で死んだとき、殯《もがり》の葬事に関わった人に土師連猪手《はじのむらじいて》という人がいる。そして猪手の孫を娑婆連といったとあるから、山背を襲った娑婆連は土師連猪手の孫にあたる人だろう。娑婆連とは珍しい姓だが、タリシヒコの命令で新羅戦に出陣を予定していた来目皇子の死、山背の後盾となっていた吉備姫王の死、そして山背自身の襲撃に最初に名を連ねている、タリシヒコ一族にとっては死神のような一族である。これより見ると、裟婆連一族は蘇我一族のためにだけ忠勤を励む忠犬のような存在だったような気がしてくる。

『書紀』では一一月一日に山背を襲撃したとあるが、『書紀』以外の史科である『大織冠伝』（『家伝』）は一〇月に、『上宮聖徳法王帝説』（帝説）では一〇月一四日としている。亀《かめ》井《い》輝《き》一郎《いちろう》（「上宮王家と中大兄皇子」所収『日本書紀研究』一五冊　横田建一先生古稀記念会編　塙書房　昭和六二年）も、一〇月という説は『書紀』より古い蘇我氏に伝わる所伝と考え、一〇月説に傾いているようである。

私も『書紀』の文章から見て、山背襲撃は一〇月に決行されたと思う。一〇月三日条に「群臣・伴造を朝堂に集めて饗《あへ》し、下賜した。そして、授位の事を議題とした（位を授けた）。最後に国司に『以前に詔勅があったのと同じで、ことさら変更はない。それぞれ任命された場所に帰って、お前たちの任地を慎んで治めよ』と詔した」とある。各地の任地にいた国司や伴造を招集し、朝廷に集めて饗応し、叙勲して「今までと同じように、変わることなく仕事をするように」と訓示するという行為は、新しい為政者がクーデターの直後に行なう典型的な行動ではないか。

それから、蝦夷は病と称して朝参せず、紫冠を入鹿に授けて大臣の位に擬したという。蝦夷は入鹿が山背を殺したことを嘆いているから、山背没後、大臣の位を入鹿に譲って政界から引退をしたのだろう。このように、『書紀』の一〇月条には山背遭難後の事実が記載されているようである。

もう一つ、決定的に一〇月を証明する史料がある。それは「高句麗本紀」である。六四四（宝蔵王三）年条に「冬一〇月、平壌の雪の色が赤かった」と見える。赤は起兵の象だから、山背の遭難を暗示させているのである。

倭王山背の死はただちに唐国に知らされたらしく、「高句麗本紀」には雪の条に続いて、太宗は群臣の反対を押して、高句麗親征を決意したとある。そして翌一一月には洛陽《らくよう》に行って、対高句麗戦の準備を始めているのだ。太宗は翌六四五年三月から高句麗親征を実行する。

中国の史料を含めて、あらゆる史料は太宗の高句麗討伐の原因は、蓋蘇文が栄留王を殺害したことによるという。確かにそれはあるだろう。しかし、栄留王が殺されたのは六四二年であり、六四五年の高句麗征討より三年も前の出来事である。私は太宗が高句麗征討を実行に移す直接の動機は、六四四年一〇月の入鹿らによる山背殺害にあったと思っている。

山背一族滅亡の様子は『書紀』に詳しく見える。具体的な状況描写に関しては『書紀』に勝る史料は見当たらない。しかも、意識的に改竄《かいざん》する必要のない場面は信憑性が高いようである。以下、山背の最後を現代語訳すると次のようである。

「一一月一日に、蘇我入鹿が小徳巨勢徳太臣、大仁土師娑婆連をやって、山背大兄王らを斑鳩に襲わせた（古注・ある本にいう。巨勢徳太臣・倭馬飼首《やまとのうまかひのおびと》をもって将軍とするという）。ここに奴《やつこ》三成《みなり》という男がいて、数十人の舎人《とねり》とともに防ぎ戦ったので、娑婆連は矢に当たって死んだ。寄せ手の軍勢は三成の勢いを恐れて退却した。軍勢の者たちは『一人當千《ひとりひとちなみ》とは三成のことをいうのか』と語り合ったという。

山背大兄は馬の骨を寝殿に投げ込み、隙を見て、妃や子弟を率いて生駒《いこま》山に隠れた。三《み》輪文屋君《わのふみやのきみ》や舎人の田目連《ためのむらじ》、及びその娘の菟田諸石《うだのもろし》・伊勢阿部堅経《あべのかたぶ》等が供として従った。

巨勢徳太臣は斑鳩宮を焼いたが、灰の中にあった馬の骨を見て、王が死んだと思い、囲みを解いて退去した。山背大兄らは四、五日の間、生駒山に留まっていたが、食べるものもなかった。そこで、三輪文屋君が『まず、深草屯倉《ふかくさ》（山城国紀伊郡深草郷・秦大津父《はたのおおつち》の所領地）に移り、それから馬で東国に行って、乳部《みぶ》（上宮家の乳部の民）を中心に四方から兵を募集し、大和に帰って戦いましょう。そうすれば必ず勝つでしょう』と進言した。

しかし、山背大兄は『お前のいう通りにすれば、確かに戦いに勝つだろう。しかし、私が願うのは一〇年間、百姓を使役しないことなのだ。一人のために、どうして万民に苦労させることができようか。また後世、国民が、私のために父母が死んだということになるのを私は欲しないのである。戦いに勝つだけがゆえに丈夫《ますらを》といえようか。自分の身を捨てて国が安定すれば、それも丈夫ではないだろうか』といわれた。

ある人が山中にある山背らを遠くに見つけて蘇我入鹿に報告した。それを聞いた入鹿は大いに恐れて、即座に軍兵を整え、高向国押《たかむくのくにおし》に『すみやかに山に入って、かの王を捕らえよ』といった。しかし、国押は『私は天皇の宮を守っていますから、外には出ません』と断わった。そこで、入鹿はみずから行こうとしたところに、古人大兄皇子が息せき切って駆けつけ、入鹿に『どこに行くのか』と問うた。入鹿が詳しく事情を話すと、古人皇子は『鼠《ねずみ》は穴に伏して生き、穴を失って死ぬ』といった。そこで入鹿は行くことを取り止めた。

入鹿は軍将らを遣《や》って生駒山を探したが見つけることができなかった。そこで、山背大兄王らは山を出て斑鳩寺（法隆寺）に入った。軍将らは軍勢をもって寺を包囲した。

山背大兄王は三輪文屋君をして軍将らに『私が兵を起こして入鹿を討てば、勝つことは確かである。しかし、我が身一人のために百姓が傷つくのを欲しない。この理由により、私の身を入鹿に与える』といわせた。そして山背はついに子弟・妃妾らと首をくって死んだ。このとき、五色の幡蓋《はたきぬがさ》や種々の伎楽《おもしろきおと》が空に照り映えて、寺に垂れた。民衆はそれを仰ぎ見て嘆き、入鹿を指し示した。やがて、その幡蓋は黒い雲に変わった。（名指しで非難されたので気おくれがしたか）入鹿はそれらの様子を見ることができなかった。

蘇我大臣蝦夷は山背大兄らがすべて入鹿に滅ぼされたと聞いて、怒り罵《ののし》って『ああ、入鹿は本当に愚かだ。悪いことばかりする。自分の命も危うくなるではないか』といった」

引用した条に続いて、山背の頭髪が山羊《やぎ》のようにまだら（斑雑毛《ふふき》）だったという。タリシヒコ同様、茶色の髪（拙著『聖徳太子の正体』）だったのかもしれないが、全体のムードも山羊に似ていたのであろうか。法隆寺錦の騎者像のモデルはタリシヒコと思われるが（同前）、騎者像はたくましく、武人らしい。山背はタリシヒコとは外形も対照的な人だったのかもしれない。あるいは、山背は法隆寺の夢殿の救世《ぐぜ》観音にその面影があるのだろうか。『書紀』の山背の言葉と悲劇的な最期から、山背は後世、聖徳太子の二重写し人物として聖人化されたのではないだろうか。

彼はタリシヒコのように、よい意味でも悪い意味でも、抜群の指導力と統率力を持った為政者タイプの人ではなかったといえよう。山背本人の資質以上に地位が重かったのが悲劇を大きくしたような気がする。

王朝を滅亡させた影の主役たち

今、私たちが山背について知らなければならないのは、生駒山に籠った彼が一時、東国に行って軍勢を集め、大和に攻め上るという三輪文屋君の進言を受け入れる決断ができなかったという事実であろう。

『書紀』では皇極二年一〇月三日条に、入鹿が一人、上宮の王を廃して古人を立てて天皇としようと謀《はか》ったとある。

ところが、『上宮聖徳太子伝補闕《ほけつ》記』（補闕記　八〇〇年頃）には「宗我大臣幷林臣入鹿。到奴王子児名軽。巨勢徳太古臣。大臣大伴馬甘連公。中臣塩屋枚夫等六人」として、この陰謀は蝦夷・入鹿・軽皇子（孝徳）・巨勢徳太・大伴馬養・おそらくは鎌足の六人が計画していたという。

巨勢徳太と大伴馬甘（養）は大化五年に左・右大臣になるし、入鹿がいるのは分かる。しかし蝦夷は『書紀』にあるように、入鹿の山背殺害を後から聞いて怒っているから、山背弑殺計画に参加しているはずはない。中臣塩屋枚夫は中臣鎌足に比定されよう。軽皇子、つまり、百済の義慈（孝徳）は前月の九月に新羅に追われて百済から来日しているから当然参加していた。『補闕記』が六人としているのにこだわれば、残る二人が問題になる。蝦夷は入鹿に反対しているから、他の誰かにすり替えられていることになる。

そこで、当然、蝦夷に代わる人物としては、まず蓋蘇文であろう。蓋蘇文は六月に百済使人とともに来日している。彼は百済に行って義慈と山背討伐の計画を練って来日したものと思われる。最後の一人が中大兄である。中大兄らは島を脱出して倭国に救援を求めた。山背大兄は私見では斉明の異母弟にあたるが、政敵が一人増えたとして歓迎しなかったらしい。それに反して蘇我蝦夷は『書紀』によると屋敷に呼んで款待《かんたい》している。中大兄は山背討伐に後ろめたさは感じなかったのだ。史書が二人を除外したのは両者が即位し、多数の子弟が倭国に存在したからだ。

『大織冠伝』でも入鹿が諸王子と謀ったとあって、王子は軽一人ではないのである。

私は山背弑殺の実際の計画は、すでに経験のある蓋蘇文が主導し、入鹿がおだてられて、主犯の立場に立たされたと見る。『書紀』をよく見ると、生駒山に逃げ込んだ山背らを入鹿本人が追おうとしたとき、古人が「鼠」、つまり蘇我一族は山背大王という穴に隠れて生きていられるのであって、山背という隠れ家を失えば死ぬという賢明な助言をし、入鹿は追討を取り止めている。

また飢えに苦しんだ山背らが生駒山から斑鳩寺（法隆寺）に立て籠ったのを包囲して、自殺に追い込んだのも、『書紀』では「軍将」という顔のない集団なのである。入鹿ではない。軍将を具体的にいえば、入鹿を除いた蓋蘇文以下の人たちであることは間違いない。このように、蓋蘇文らに利用された入鹿は典型的なバカ息子に見える。しかし、『大織冠伝』には次のような挿話が載っている。

僧の旻が周易を講じていたとき、鎌足が遅れて来た。このとき、入鹿は起立して鎌足に挨拶をし、同時に席に着いた。それを見ていた旻は「私がこの講義を受け持ってから、宗我太郎（入鹿）のような（礼義正しい）人はいない。しかし、公（あなた）は神識奇相《しんしききそう》で、この人（入鹿）よりはるかに勝っている。自愛を乞う」と鎌足に語ったという。入鹿は蘇我氏全盛時代の蘇我本宗家の嫡男でありながら、このように、年長の鎌足を立てる謙虚な面もあったのである。ただし、身分の高い育ちの人間が性格の良し悪《あ》しとは関係なく、身につけている表面上の礼儀正しさとは裏腹に、長年、倭国を牛耳ってきた蘇我一族を代表する者としての野望と権勢欲は、十二分に持ちあわせていたのかもしれない。しかしながら、その野望を成功させるには、入鹿はあまりに苦労と経験が足りなかったのではないか。

幼い頃から各地を転々とした百戦錬磨の蓋蘇文や、身一つで母ともども追放の憂き目に遭って苦労している中大兄らの、所詮《しょせん》、敵ではなかったのである。

六四四年を、なぜ『書紀』が皇極二年と三年に振り分けたか。その理由はほぼ察しがつく。それは翌年の六四五年六月に蘇我蝦夷・入鹿が誅殺される「乙巳の変」があるからだ。

前年の一〇月に山背大王を殺した張本人の入鹿が八カ月後に中大兄に殺されたとなると山背殺害の真犯人が入鹿ではなく、孝徳ら後の天皇などであることが見えてくるではないか。山背殺害と蝦夷・入鹿父子の遭難の間が長ければ長いほど、両者の事件に関連がないように見える。

『書紀』はそう判断したのであろう。

蓋蘇文らは、まず山背倭国王を葬り、その勢いで倭国の実権を握っている蝦夷・入鹿父子を殺して、倭国の軍事力を対唐国戦に投入しようとしたのである。

舒明の息子の古人の言葉通り、蘇我一族は山背という、実権はなくとも唐に公認された倭国王のもとにあってこそ、栄華を極められたのだった。

新羅が蓋蘇文の倭国での計画を黙って見ているわけはない。六四四年九月に金庾信が義慈王の百済を攻め、七城を落城させ義慈を倭国に逃亡させた。翌一〇月に山背襲撃が決行される背後には、百済への新羅の侵攻という事情もあったのではないだろうか。もともと、山背襲撃の計画は『書紀』にあるように、一一月の初めに決行されることに決められていたと思う。一一月とは冬至の月である。

天武が天武一三年一一月に死んだことにされていたように（拙著『高松塚被葬者考』）、冬至はすべての生あるものが死んで、新たな生が芽生える瞬間の時である。王朝が交代する時期ともいえる。後年、天皇の即位儀礼である大嘗祭《だいじょうさい》が一一月に行なわれるのは右のような理由によるのである。

『書紀』が書かなかった「乙巳の変」の真相

蓋蘇文らの目的は最終的に蘇我一族の打倒にあった。しかし、入鹿が山背一族を滅ぼす目的は、『書紀』にあるように、古人即位にあったはずだ。

山背滅亡前の状態を記しているのだろうが、皇極三年一一月条に、蘇我蝦夷・入鹿の、人なきがごとき横暴ぶりが見える。それによると、蝦夷の家を「上《うえ》の宮門《みかど》」といい、入鹿の家を「谷の宮門」といい、子供たちを「王子」と呼ばせたという。

家の周囲には城柵を構え、兵庫を造り、五〇人もの護衛に守られて外出したとある。皇極元年正月条には、入鹿が国政を左右して威勢が父親の蝦夷より勝っていたとある。そこで盗人までが恐れて道にある物も拾わないほどだったという。『書紀』は、このように蝦夷・入鹿の専横ぶりばかりを記して、天皇はいないかのごとくである。ところが、入鹿の傀儡であることには違いないが、やはり古人は即位していたようだ。

ここで、第一章冒頭の「乙巳の変」の箇所をもう一度読んでいただきたい。三韓の調進の儀式に出座した天皇が女帝皇極であると証明するものは、何一つないのに気づかれるだろう。この日、中大兄は物陰に隠れていたのだから、正式に儀式に参列してはいない。ここで注意を要するのは、中大兄は三韓の調進に立ち会わなければならない政府の要人でもなければ皇太子でもなかったということである。「乙巳の変」のときまで、あくまでも、彼は百済の亡命王子としての立場にすぎなかったのである。

中大兄に斬られた入鹿は天皇の座近くに取り付く。天皇は驚いて「私は知らない。一体、何でこんなことをするのか」と聞き、それに対する中大兄の返事を聞くと、天皇は黙って座を立ち、殿の中に入ってしまう。天皇を皇極とする限り、古人はどこにいたか分からない。しかし、続いて古人が自宅に走り込み「韓人《からひと》が鞍作を殺した」といって寝室に閉じ籠ったという条があるのだから、古人が三韓の調進の儀式に参加して、ことのなりゆきを見ていたことが分かる。韓人とは普通いわれているように、中大兄のことである。蘇我一族は来日したばかりの百済亡命王子、翹岐の中大兄をこのように呼んでいたらしい。

古人は大王として、入鹿が殺されるのを目《ま》のあたりにしていたのだ。「乙巳の変」の後、彼はただちに僧侶姿となって吉野に隠遁したにもかかわらず、五カ月後の一一月に謀反の罪を着せられて、本人も一族も誅殺される。彼の母親が蘇我氏出身の故《ゆえ》に殺されたわけではない。従来からいわれているように、母方が蘇我氏一族だった故に殺されたとするならば、蘇我石川麻呂が孝徳朝に右大臣になれるはずはないではないか。また、古人が入鹿によって大兄王になっていた、つまり立太子していたから殺されたわけでもない。彼が皇太子だったとしたら、蝦夷・入鹿が殺された時点で廃太子にすればすむことであり、一族を誅殺するほどのことはないはずだ。古人はわずかな間でも倭国王だったために殺されなければならなかったのだ。

中大兄の妃は古人の娘の倭《やまと》姫王だが、大海人は天智の死後、近江朝に倭姫王の即位を進言している。皇極は私見ではタリシヒコの娘、元明《げんめい》天皇は天智の娘、元正《げんしょう》天皇は天武の娘、孝謙《こうけん》天皇は聖武天皇の娘というように、日本と新羅の場合の女帝は父親が国王であるという不文律があるようである。大海人が倭姫王の即位を勧めたのは、彼女が天智の妃だからではなく、古人大王の娘だったからなのだ。

山背一族を殺した後、表向き主犯の入鹿が、蘇我本宗家の悲願だった古人即位を強行した。

入鹿より人生経験豊かな蝦夷は、将来に多大な危惧を感じ、大臣の位を入鹿に譲って引退した。古人がいつ即位したかだが、山背一族が滅ぼされた翌六四五年正月あたりだろう。

蓋蘇文らはしばらくの間、入鹿を泳がせておきながら、時機を見ていたのであろう。

古人が正式に即位した年、六四五年の三月から、太宗の高句麗親征が始まる。

その前一月に、六四四年九月の新羅の百済攻めの報復に、百済が新羅に侵攻する。このときも金庾信が善戦し、百済を破って二〇〇〇人を斬首した。新羅は六四五年五月に太宗から対高句麗戦への参加を求められ、兵三万を出陣させた隙に、百済に西部の七城を奪われたが庾信はただちに奪い返した（「新羅本紀」「百済本紀」）。

このように、六四五年の初めから、三国は太宗の高句麗親征に巻き込まれ、倭国の内政に関与するどころではなくなっていた。そこで、わずか半年余の間ではあるが、入鹿による古人を擁立しての独裁政治が可能だったのだ。しかし、この極めて危うい入鹿政権の行く先は、皇極四年正月（六月より大化元年）条に暗示されている。

それによると、丘や嶺、川辺や寺などに何か物が見え、猿の遠鳴きのような声が聞こえたが、その物をはっきりと見ることも捕らえることもできなかった。この物を伊勢大神の使いという人がいたという。

猿は申とも書くが、「日を貫く」字である。

日は王であり、王が貫かれるのだから、申はクーデターの表意にもなる。また、猿を伊勢大神の使いという人がいたというが、天武（大海人＝蓋蘇文）が伊勢神宮の祭祀制度を確立し、最初に皇祖神を祀る公的な神宮にしたといわれている（吉野裕子『大嘗祭―天皇即位式の構造―』弘文堂　昭和六二年他）。そこで、このような事実があったかなかったか、または、このような噂が当時あったかなかったかは別にして、『書紀』は伊勢大神を猿に比定して、大海人（蓋蘇文）が、この年に実行される「乙巳の変」の主導者であることを暗示させていると見られる。

『書紀』には皇極四年正月条から、六月の「乙巳の変」までの間の事件は何も記載されていない。嵐の前の静けさだったのだろうか。この間、古人が即位していたのである。

ただ、四月条に、鞍作《くらつくりの》得志《とくし》という人の話が載っている。それによると、彼は高句麗に留学していたが、虎を友とし、虎から枯山を青山にすることや、黄色の土地を白い水にするなどの呪術を学んでいた。虎は得志に一本の針を与えて、この針を持っていれば、人の病をすべて治すことができるが、決して人にはいわないようにと教えた。そこで、得志は針を柱の中に隠しておいたが、得志が倭国に帰国したいという意志を持ったのを知った高句麗は彼を毒殺した。針は、後に虎が持って逃げてしまったという。

これは高句麗の学問僧の報告というかたちを採《と》っている。この条の解釈はなかなか困難だが、黄色の土地を白い水に変えるというのは、皇帝の色である黄色から、白い水、すなわち陰、下層の者に変わるという解釈もできる。

先に述べたように、陰陽五行思想から、孝徳は土徳、色は黄色で表象されるから、黄色の孝徳朝から白の天智朝に代わるという意味にもとれる。天智は金徳、色では白の人なのである（拙著『白村江の戦いと壬申の乱』）。

このように、この挿話も政治がらみの事件として考えた方がよいようである。得志という人が実在したかどうかはともかく、私が興味を引かれるのは、彼が毒殺されたとあることだ。当時は毒殺が簡単に行なわれていたという事実を、この条から知ることができる。政争中の為政者のタイミングのよい死は、まず、毒殺を考慮しなければならないのである。

六月の「乙巳の変」のとき、入鹿を朝廷で惨殺した中大兄らは諸皇子たちと法興寺に立て籠ったとある。諸皇子とあるからには大海人が一緒だったことは間違いない。中大兄はそれから巨勢徳太をやって、蝦夷宅を警備していた護衛の漢直らに降伏を勧めさせる。この時、高向国押《たかむくのくにおし》が巨勢徳太の勧めに応じて武装解除したので、その他の者も従って、その場を去った。

そこで、蝦夷は自殺せざるを得なくなったのだ。国押は蝦夷宅の護衛の長だったと思われるが、彼の寝返りが蝦夷の死の直接の引き金となっている。もともと国押は、入鹿が生駒山にいる山背を追討することを命じたとき、天皇の宮を守っているといって拒絶しているように、初めから蘇我氏のために働く気がなかったようだ。

門脇禎二（『大化改新史論』上巻　思文閣出版　一九九一年）は、国押を高向宇摩《うま》の息子に比定している。理由が述べられていないので、その根拠が明らかではないが、おそらく国押の高向という苗字からの推測だろう。私見では、宇摩は孝徳朝の国博士・高向玄理の別名と考えているから、国押は玄理の息子ということになる。

高向姓は、もともと蘇我高麗のときに蘇我氏から別れた枝氏（傍系氏族）である（『蘇我・石川両系図』他）。先に述べたように、高麗という名は高句麗の安蔵王二（五二〇）年に始まるから、蘇我高麗（馬背）がまだ任那にいた頃、蘇我氏から枝別れしたと思われる。ただし、高麗から猪子、猪子から宇摩にかかるあたりが不明確だが、山尾《やまお》幸久《ゆきひさ》（『蘇我氏の発展』前掲『蘇我氏と古代国家』）は宇摩を猪子の子に比定している。その考え方もあろう。

高向玄理の本願の地は河内国錦部郡高向に比定されているが、この地は古くは石川郡とともに石川と総称された地域である（加藤謙吉《かとうけんきち》『蘇我氏と大和政権』吉川弘文館　昭和五八年他）。河内国の石川は蘇我石川麻呂の所領地のあった場所でもある。このようなところでも、高向玄理と石川麻呂とは関連があったのだ。高向氏が、このように広い意味で蘇我一族に属していたからこそ、国押は蝦夷宅の警固にあたっていたのである。

もし、入鹿が後の摂関政治の藤原時代の人だったら、外国からの政治の介入のない時代だから、国内だけの勢力争いに勝てばよく、あるいは、道長《みちなが》のように栄耀栄華《えいようえいが》のうちに人生をまっとうしたかもしれない。

しかし、少なくとも、平安時代初期までは、東アジア全体を見渡す展望を持った政治判断ができなくては、倭国を治めることもできない時代だったのである。

第四章

唐国はなぜ
高句麗征伐を決断したか

高向玄理の出自と来歴

推古朝末期から大化年号時代にかけて、陰で大きく倭国の政治を左右した高向玄理は、いくつもの名と顔を持つ不思議な人物である。

『書紀』に高向玄理として名を留めている箇所は次の四カ所のみである。

推古一六（六〇八）年九月、唐国使人の裴世清に伴われて、倭漢直福因や南淵請安らとともに唐国に留学したこと。

舒明一二（六四〇）年一〇月に請安らと新羅を通って帰国したこと。

大化元（六四五）年六月、僧侶の旻とともに国博士になったこと。

白雉五（六五九）年二月、押使となって入唐し、唐国で死んだこと。

その他、舒明五（六三三）年正月、唐国の使人・高表仁を対馬《つしま》に見送った黒麻呂《くろまろ》、大化二（六四六）年九月と大化三年是歳条に見える、金春秋を新羅に迎えに行き来日させた博士・小徳高向黒麻呂も、玄理と考えられている。

しかし、玄理とともに推古一六（六〇八）年に隋使に従って唐国に留学した福因らは、六二二年に帰国するが、私はこの一行の中に玄理もいて、このとき彼も帰国したと思っている。

その理由として、「舒明即位前紀」（六二九）に、鎌足の父親の彌氣とともに田村皇子を推す高向臣宇摩なる人があり、『書紀』に二度と登場しない。高向氏は蘇我氏の傍系だが、外来系で、倭国での地位は高くない。そこで突然、大王決定の重大な場面に、重臣の一人として加わることのできるのは、高向氏族の中では玄理以外に考えられないからである。

『書紀』の完成した時代に、『書紀』に登場した人物の子孫が残っており、彼ら子孫が政治の中枢部にいる場合、天皇家の人々に限らず、都合の悪いことをした人物の名を韜晦《とうかい》することが、『書紀』の記事の大きな特徴である。たとえば、ある人物が過去の行為と反対の行為をした場合、つまり、人を裏切った場合や、外国から渡来して倭国人になったような場合、翹岐が中大兄になったように、過去の名を変えて登場する例が再三ある。

それをこれまで、別人と解釈してきたため、混乱して事態の真相がつかめないのである。特に「乙巳の変」という政変の前後は、このような人物が多かった。さらに『書紀』が完成したのは「乙巳の変」の七五年後だから、まだ『書紀』に登場する人物の孫子は生きている。変名を使わざるを得ない事情があったのだ。我々は長い間、この『書紀』の政治的配慮に騙《だま》されていたのではないだろうか。

さて私は、玄理は高向姓以外に、阿倍氏の祖先でもあり、推古三二年一〇月条に、推古に葛城県の割譲を求めた馬子の使者になった阿倍臣麻呂も玄理と考えている。

玄理が六二二年に帰国したにもかかわらず、『書紀』がその事実を隠蔽《いんぺい》したのは、馬子に連なる蘇我本宗家を滅ぼした孝徳朝の国博士になる彼が、帰国してすぐに馬子の側近になっていたからと思われる。『書紀』の編者としては、事実を書き残す以上、変名を使わざるを得なかったのである。

玄理が阿倍氏の祖先であるという証明だが、まず、『江談抄《ごうだんしょう》』(巻三 大江匡房《おおえのまさふさ》 一一世紀)の「吉備入唐問事」が挙げられる。この物語は孝謙天皇のブレーンだった吉備真備《きびのまきび》が、かつて遣唐使として入唐したとき、楼上の天明鬼から『文選』や囲碁などを教えてもらい、唐国の人々がどれだけ真備が学問や教養があるか試みるのにみごと成功する話である。

このとき天明鬼は、以前、自分は大臣だったが、遣唐使として入唐し、楼上に押し込められて餓死したことを告白する。そして「自分の子孫は安倍氏というのか」と真備に聞き、長年そのことを知りたいと思っていたという。

玄理は後述するが、「乙巳の変」後に大臣になったと思われ、白雉五（六五四）年に入唐するが、唐国で客死する。彼が入唐してから、急速に唐国と高句麗・百済・倭国間の対立が加速し、六六〇年には百済は唐国に滅ぼされる。親唐派の玄理は、半ば追放されて入唐したと思われるから、唐国にあって、彼の立場は楼上に押し込められないまでも、極めて難しかったと思われる。この天明鬼のモデルは玄理に推定される。

『新撰姓氏録《しんせんしょうじろく》』（逸文）に、応神天皇時代に七姓の漢人が帰化したが、その筆頭に高向村主《すぐり》・高向史《ふびと》・高向調使《つかい》がいた。高向村主は阿智王《あち》と号し、大和国檜隈郡《ひのくま》に居住地をもらったが、入朝したとき、所属する人民が高句麗・百済・新羅の三国に分散して住んでいるから呼び寄せたいと願い出て許されたとある。

『大蔵系図』（『続群書類従』巻一八六）によると、後漢献帝《けん》の子孫である阿智王《あ》の子の阿多部王《たべ》（高尊王《こうそん》）のとき、初めて日本に来て、准大臣に任じられたが、妻は敏達の孫の茅《ち》渟王《ぬ》の娘であり、三人の子を産んだが、それぞれ坂上・大蔵・蔵内の姓になったという。

さらに『秋月系図』（『続群書類従』巻一八六）によると、阿智王から高貴王《こうき》（またの名は阿多部）に連なり、高貴王は本朝に客として来朝して、阿多部といい、都賀使主《つかのおみ》と号した。大臣に任じられて斉明天皇と結婚し、三人の子を得たとある。

『新撰姓氏録』の高向姓の人が阿智王といい、『大蔵系図』等で阿智王が阿多部王と名乗ったとあることから、次第に高向姓と阿倍姓が近寄ってくるのが感じられるであろう。
それだけではない。重要なのは、高貴王に比定される玄理が阿多部王だとすると、彼は初めて倭国に来た人だが、妻は斉明天皇、つまり皇極で、三人の男子を産んだとあることである。

そこで斉明紀を見ると、斉明（皇極）は最初に用明天皇の孫、高向王と結婚して漢皇子を産んだとあり、続いて、舒明と結婚して、二人の男子と一人の女子を産んだとある。舒明紀には宝皇女（斉明）を立てて皇后としたが、二人の男子と一人の女子を産み、一《はじめ》を葛城（中大兄）皇子といい、二《つぎ》を間人皇女といい、三《つぎ》を大海《おほしあま》皇子（天武）といったとある。

ところで、斉明紀に見える斉明の初婚の相手で用明の孫という高向王だが、皇統譜である『本朝皇胤紹運録』（『群書類従』巻六）の用明の系譜には、「高向王は古書には所伝がない」と注意書きがしてある。しかも、同じ『紹運録』でも、前田家本には、高向王は記載されていないのである。これらから、高向王とは『書紀』が捏造した人物であり、『書紀』にその名があるために、系図に後に用明の孫として高向王の名を挿入したと考えられる。
『書紀』に見える高向王とは、高向玄理その人であり、彼が斉明と結婚していた事実を暗示させているのではないか。

大海人は玄理の息子だった

天智紀には、天智は舒明の太子であり、母は斉明と明記してある。ところが天武紀には、天武（大海人）は天智の同母弟としか見えない。父親は舒明と明記されていないのである。孝徳のところで述べたように、同母弟とある場合は一〇〇パーセント父親が違うということである。

中大兄の年齢は、舒明一三年条に一六歳とあることから、推古三四（六二六）年生まれと推定されているが、島に追放されていた空白の一年間があるから、六二五年生まれである。大海人の年齢は『書紀』にまったく記載がないが、六二二年生まれだから、兄とされる中大兄の方が、弟の大海人より三歳の年少だった。

しかも、『書紀』では大海人は白雉四（六五三）年に、皇弟として初めて登場するが、このときは彼はすでに三二歳のはずである。中大兄が百済の亡命王子翹岐として来日したとき、ともにあったのは母の皇極と妹の間人だった。もし、大海人が中大兄の弟とするならば、彼はどこで、何をしていたのだろうか。

大海人が「壬申の乱」のとき、赤旗を用いていることなどから、みずからを漢高祖に擬しているという説は、江戸時代に伴信友《ばんのぶとも》（『長等山風』）が指摘して以来、定説となっている。

高祖は卑賤の身から身を興して、漢王朝の祖となった人である。大海人は中大兄と兄弟ではなく、出所不明の人物だったから、漢の高祖にみずからを擬したのではないか。

そこで、斉明紀に見える、斉明が舒明と結婚する前に高向王との間に漢皇子を儲けたとある漢皇子が大海人に比定されることになる。

つまり、大海人は玄理の息子だったのである（拙著『白村江の戦いと壬申の乱』）。

ただし、タリシヒコと武王のように血でつながっていない父子関係があったり、鎌足の子とされる定恵が、実は孝徳の子らしいことなどで分かるように、戸籍のない当時は、簡単に父子関係を結んだようだから、玄理と大海人が、必ずしも血のつながった父子関係にあると決めるわけにはいかない。一応、社会的に父子関係にあったと解釈するほうが真相に近いと思う。母親に関しても同じで、大海人の母親が斉明にされたのは、玄理との関係から生じたのではないかと私は考えている。その理由は、斉明の臨終の場に中大兄と間人はいるが、大海人がいないこと（『大安寺伽藍縁起並流記資財帳』）、また、翹岐が来日したとき、母と妹は一緒だったが、弟の大海人がともにいた様子はないこと、つまり斉明は大海人と行動をともにした史料が他にないことなどによる。

それと、もう一つ、私が決定的に大海人と斉明が母子でないと推定する最大の理由は、六六一年六月に新羅武烈王（金春秋）が死に、翌七月には斉明が死ぬが、この両者の死を契機に、大海人と中大兄は対唐国戦に倭国を挙げて突入するからである。私はタイミングのよい斉明の死に、大海人が関与していると憶測している（拙著『白村江の戦いと壬申の乱』）。いくら大海人でも実母の毒殺を指示するとは考えられない。

奇怪な詩

玄理が入唐後の斉明六（六六〇年、百済の滅びた年）年のこととして、『帝王編年記』（鎌倉時代）に玄理作という奇怪な詩が残されている。

遣唐使高向玄利灯台鬼となる　詩にいう

吾《われ》は日本の二京（長安と洛陽）の客人

汝《なんじ》もまた東城の一宅人
子となり　親となるのも前世の契《ちぎ》り
一離一会　これ前世の因縁
年を経て　蓬宿《よもぎのやど》に落涙し
日を送るに思いは駆け巡り　朝夕新《あらた》なり
形を変えて他州の鬼となり
急ぎ帰って故里《ふるさと》に　この身を捨てん

この詩を本人が作ったかどうかは分からない。後世の人が玄理の心境を思いやって作詩したとするのが順当だろう。しかし、灯台鬼とは「吉備入唐問事」の天明鬼を彷彿とさせるではないか。

孝徳即位までは玄理と大海人は協力関係にあったが、もともと親唐派の玄理が新羅の金春秋を来日させた頃から、反唐を貫く大海人と意見が違ってきたようである。いずれにしても玄理は唐国で客死するのだから、私は彼の入唐には孝徳・中大兄・大海人らによる追放の意味も含まれていたと思う。

ところで、玄理の詩で「子となり親となる」とあり、その子を恨んでいるが、子が大海人を指すであろうことは言をまたない。ここで問題なのは、汝もまた「東城の一宅人」といっている箇所である。宅には「託する」、「一時、身を寄せる」という意味があるから、大海人は東城、つまり倭国に寄宿した人という意味が込められていることになる。

大海人は天武と諡《おくりな》されたが、伊勢神宮の神主が天平《てんぴょう》二（七三〇）年に著《あら》わした伊勢神宮の由緒書である『往代希有記』には、仁武《じんむ》と表記されている。彼は仁武ともいわれていたのである。仁武はまた、神武天皇に通じ、『書紀』の神武天皇条に天武の行為が投影されているというのは、多くの人が指摘しているが、このことからも裏付けられよう。

ところで、六四五年に始まった太宗の高句麗征伐から二年後の六四七年、太宗は二度目の対高句麗戦を計画する。そこで、同年一二月、高句麗の宝蔵王は、子の莫離支《まりし》高任武を入唐させ、太宗に謝罪させた（『新唐書』〈列伝一四五・東夷〉「高句麗本紀」）。

莫離支という称号は当時、蓋蘇文だけにかかるから、高任武はおそらく蓋蘇文本人である。

高任武の任武《じんむ》は仁武《じんむ》とも読める。「壬」は、陰陽五行思想でいえば陽の水であり、大海を暗示しよう。「イ」はニンベンで人である。これより、任の一字から大海人という名が浮かび上がってくるのだ。

そこで、天武紀にある大海人と、『三国史記』の「列伝」の蓋蘇文の条を見比べて、後世の曲筆された部分、つまり天武の美化された部分や、「列伝」の完成した時代はすでに高句麗が滅んでいるため、蓋蘇文が悪く書かれた部分を取捨選択すると、両者が極めてよく似ているのに気づかざるを得ないのである。

まず天武だが、「天武即位前紀」に次のように見える。「生れしより岐嶷《いこよか》なる姿あり。壮《おとこざかり》に及んで雄抜神武。天文遁甲《どんかふ》に能《よ》し」と、天武は生まれつきたくましい姿形をしており、勇気もあった上、天文や遁甲、すなわち呪術的天文の見方や兵術注に長《た》けていたというのである。このことは、「壬申の乱」のとき、横河（三重県名張川）で、式《ちく》（吉凶を占う陰陽道の道具）をとって戦運を占ったとあることによっても分かる。もっとも、晩年には、かなり仏教に傾斜した様子も見える。

注　遁甲についても多様な説があるが、村山修一《むらやましゅういち》（「古代日本の陰陽道」所収『陰陽道叢書』⑴古代　名著出版　一九九一年）は遁甲を兵術とする。大海人の場合は兵術（兵法）とするのがふさわしい。

なぜ「水」でつながるのか

天武の和風諡《おくりな》の「天渟中原瀛真人《あまのぬなはらおきのまひと》」の「渟」は水たまり、「瀛」は神仙思想の東方海上の三神山の一つ、瀛州《えいしゅう》山から来ており、「真人」は道教で悟りを開いた仙人を意味する（福永光司『道教と古代日本』人文書院　一九八七年）。このことからも、彼の思考傾向が道教にあったことは否めないであろう。それだけでなく、漢高祖が青龍から生まれたという伝説があるせいと思われるが、天武もまた、木徳の青龍意識があったようだ。また、青龍に関連するが、天武は「清御原《きよみはら》天皇」（持統七年九月条）とも記され、これには「清き水原」の意味も込められていると思われるから、水とも縁が深い人だった。

一方、蓋蘇文は、みずから姓を泉と称し、水の中から生まれた（潜龍）といって衆を惑《まど》わし、外見は雄偉で、剛胆だったという。ここから、天武の清御原は、清い水腹、すなわち、水から生まれたという意味が内在していることに気づくのである。蓋蘇文は父親の東部（あるいは西部）の大人である大対盧《だいたいろ》が死んだので、跡目を継ぐはずだったが、彼の性格があまりに残忍粗暴なので、国人は立てようとはしなかった。そこで、彼は皆に謝罪して、ようやく父親の跡を継いだという。大対盧とは高句麗の一三等官中の一位だが、その勢力が強い場合は一三等官の職務を専断したという（『周書』列伝四一・異域上、『冊府元亀』巻九六二外臣部　『北史』・列伝八二・高麗）。おそらく総理大臣のような役目だったのだろう。

蓋蘇文が天武だとすると、父親は高向玄理だから、高句麗にいるはずはないと思われる

だろう。ところが、高向氏の系図の箇所で述べたように、祖先が漢帝であったかなかった

かは別にして、本来は三国の家系ではなかったためか、伽耶地方も含めて、一族は三国の

どこということなく、散らばって住んでいたのである。

応神天皇時代に帰化した高向村主（阿智王）が、大和国檜隈郡に居住地をもらったと

き、「所属する人民が高句麗、百済、新羅の三国に分散しているので呼び寄せたい」と願

い出て許されたという前出の記述を思い出していただきたい。

玄理自身は唐国の留学の期間も長く、どこかの国人という観念は希薄な人だったと思わ

れる。したがって、高句麗に滞在していたときは高句麗の高官だったとしても、何ら不思

議はないのである。ただし、高向氏が蘇我氏から分脈したときが、高句麗安蔵王時代の高

麗の時代であることと、高向という姓が高句麗の姓の高氏に通じることからも、高向氏

が、より高句麗系の氏族だったことは否定できないと思われる。

蓋蘇文は栄留王を殺してから、国事を専断したのはいうまでもないが、常に身には五本

の刀剣を帯びていたから、左右の人は恐れて仰ぎ見ることすらできなかった。彼は馬に乗り下りするときは、常に貴人や武将を踏み台にしていた。外出する際は必ず隊伍を組み、先駆けが蓋蘇文の名を呼ぶと、逃げない人はいなかったという。

反面、蓋蘇文は王に道教の経典や道士を唐国から取り寄せるように頼んだというから、道教に関心を持っていたことが分かる。この点も天武の道教への傾斜と一致している。

蓋蘇文、すなわち天武の外見は『舊唐書』（列伝一四九上・東夷）にも見える。それによると「鬚貌甚偉　形體魁傑」だったという。

彼は髭《ひげ》の濃い、彫りの深い顔立ちをした偉丈夫《いじょうふ》だったことが、この条からも分かる。

以上のような個人的資質ではなく、蓋蘇文が大海人と同一人物であることを、もっとも証明し得るのは、当時の国際情勢である。

唐の高句麗親征と「乙巳の変」

「乙巳の変」が当時の東アジア情勢、特に唐国の高句麗征伐とからんでいるという意見は石母田正（前掲『日本の古代国家』）だけではなく、すでに常識といっていい。たとえば、西嶋定生《にしじまさだお》（『日本歴史の国際環境』東京大学出版会　一九八五年）、山尾幸久（『大化前後の東アジアの情勢と日本の政局」『日本歴史』二二九　吉川弘文館　昭和四二年六月）などの説がそれである。

もちろん、私は巨視的には、これらの意見に賛成である。しかし、太宗による唐国の対高句麗戦と「乙巳の変」が具体的にどのような因果関係があるかということ、つまり倭国は誰によって主導され、何の目的で対高句麗戦に関与し、それが「乙巳の変」と直接、どう関連するかについての明確な解答はない。たとえあっても、『書紀』の記事通り、中大兄が主導したという倭国中心のものの見方である。少なくとも、六、七世紀の東アジアの争乱を知ろうとする場合は、軸をあくまでも中国に置き、それに連動して三国から倭国を調べるのが基本である。

倭国を中心に東アジアを見ていては、事態の全体像が摑めないのである。

もう一つの盲点は、『記紀』に記載された天皇や豪族の系譜を、そのまま固く信じて動かさず、倭国王及び倭国人と、三国の王及び三国の人々を峻別していることにあると思う。

現代でも、外国から帰化した人が国籍を日本に移し、日本名に変えれば、その人は日本人である。過去においても、そうだったというだけのことである。日本国家草創期の八世紀頃までは、為政者クラスの場合は特に、現代では考えられないほどの民族の交流があったのだ。この事実さえしっかりと把握しておけば、唐国の対高句麗戦と「乙巳の変」が、どのような関連があったかを知るのは、さして難しくはないのである。

さて、六四四年九月に、蓋蘇文の使者が入唐して、太宗に白金を贈ったが、太宗の側近の褚遂良《ちよすいりよう》が、蓋蘇文が栄留王を殺害した故をもって受け取らないように薦め、太宗も進言に従ったという（「高句麗本紀」）。翌一〇月は山背が殺されるから、蓋蘇文は、この頃、倭国に滞在していたはずだ。使者を出したのは、山背誅殺を前にした蓋蘇文が事前に唐国の承認を求めるつもりだったのかもしれない。

先述したように、山背が殺害されたという報に接した太宗は、いよいよ高句麗征伐を決断する。しかし読者の中には、中国の標的は隋・唐時代を通じて、常に高句麗であり、だからこそ高句麗に侵攻したのであって、海のかなた、はるか遠方の倭国は中国と関係ないはずであり、倭国王が殺されたのが唐国の高句麗への征討の原因であるなどということは信じられない、という異論があるであろうことは容易に想像がつく。

ここで考えなければならないのは、隋の煬帝の時代から太宗の時代にかけての、中国の高句麗征伐そのものが、一度も成功したことはないということだ。隋は煬帝の対高句麗戦の失敗が引き金となって、隋帝国そのものが滅びたし、太宗は成果の挙がらない高句麗征伐を唯一、後悔しながら死んだ。ではなぜ、太宗は実行したか。唐は山背倭王を公認していたからだ。

もし、太宗の高句麗戦が成功していたら、唐国軍は破竹の勢いをもって、蓋蘇文のいる倭国に侵攻していたかもしれないのである。

現に、唐国は太宗の子の高宗時代になって、親唐派の新羅を除いて、六六〇年に百済、六六八年に高句麗を滅ぼしているのである。

太宗の高句麗征伐は六四五年（「乙巳の変」のあった年）正月から実行された。まず、刑《けい》部尚書《ぶしょうしょ》の張亮《ちょうりょう》を平壌道行軍大総管に任じ、戦艦五〇〇漕で萊州（山東半島東端）から北上して鴨緑江、平壌に行く海路をたどらせた。また幽州（北京市）からの陸路には李世勣《りせいせき》（李勣）を遼東道行大総管に任じた。太宗みずから陸路の李世勣軍に加わり、世勣とともに幽州に到着した。李世勣軍は、四月から遼水を渡って、高句麗領内に攻め込んだ。高句麗王は新城（遼寧省撫順市）から遼東を救援したが敗北した。李世勣とともに太宗は遼東城（遼寧省遼陽市）・蓋牟《がいむ》城（遼寧省撫順市）と落城させ、安市《あんし》城（遼寧省鞍山市）に入った。しかし、平壌陥落を前にした一〇月になって、暴風と降雪が止まず、犠牲が多くなったので、太宗の率いる唐国軍は本国に撤退せざるを得なくなった。

ところで、蓋蘇文の専横が理由で太宗の高句麗親征に発展したのだから、必ずや彼は唐国軍を迎え撃たねばならないはずである。しかし、この年、六四五年六月には「乙巳の変」があったのだから、蓋蘇文は倭国にいたはずだ。もし、彼が唐国の高句麗戦に出陣していたとするなら、蓋蘇文と大海人は別人ということになろう。だが、やはり蓋蘇文は直接、対唐国戦に出陣していなかった。「高句麗本紀」に、李世勣軍が遼水を渡ったとき、蓋蘇文が加尸《かし》城の兵七〇〇人を蓋牟城を守らせるために送ってきた、とあるだけなのである。

加尸城から来た兵は李世勣の捕虜となったが、彼らは唐軍に加わることを願い出た。しかし、太宗は「お前たちの家は、みな加尸にある。お前たちが我が軍のために戦うと、莫離支はお前たちの妻子を殺すだろう。私一人のためにお前たち一家を滅ぼすのは、私としては忍びがたい」といって、食料を与えて放免したという。

太宗が加尸城の兵に限って無罪放免しているところより見て、彼らは高句麗兵ではなかったのではないかと想像される。そこで加尸城の所在地だが、「高句麗本紀」には何も出ていない。「天智即位前紀」の斉明七（六六一）年是歳条に、唐国に攻められた高句麗を救う倭国軍が、百済の加巴利浜《かはりのはま》（所在地不明）に泊まったとある。倭国から高句麗に出兵する場合、当時は百済の加巴利浜を拠点にしていたのではないだろうか。「高句麗本紀」が加巴利浜を加尸城といったのかもしれない。だとすれば、太宗が特別に恩赦した加尸城の兵は倭人だった可能性が高いことになる。

蓋蘇文は、この頃、倭国にいたから、倭国から倭人を主体にした兵を蓋牟城に救援に向かわせたのではないだろうか。

高句麗の蓋蘇文に徴発された、倭人を主体にした軍勢が、まともに唐軍と戦えるわけはない。簡単に降伏して、唐国側に付こうというのもむべなるかなというべきだろう。

「乙巳の変」では、三韓の調進を理由に入鹿を宮殿に呼びよせた。『書紀』では入鹿弑殺の場面に三国の使者がいた様子がないことから、果たして実際に三国の調進があったかが、昔から論議されている。しかし、少なくとも「乙巳の変」の直後の七月、巨勢徳太が高句麗と百済の使人に詔を代読したとあることから、高句麗と百済の使者は来日していたことが分かる。新羅は唐側として、高句麗・百済と交戦中だから、来日していないのは当然である。

『書紀』では三韓とあるが、新羅使人はいなかったのである。ところで、巨勢徳太が最初に読み上げた高句麗使人への詔とは、次のようなものだった。

「明神御宇日本天皇《あきつみかみあめのしたしらすやまとのすめらみこと》は詔してのたまう。天皇の遣わす使いと高麗の神の子の奉遣《まだ》せる使いと既往《いにしかた》は短く、将来《くるかた》は長からん。是の故に、温和《やはら》けき心をもって、相継《あひつ》ぎて往来すべし」

次に百済使者に対しては「我が遠《とほつ》皇祖《みおや》の世に百済国をもって、内官家《うちつみやけ》にしたまうこと、例えば三絞《みせ》（みつより）の綱のようなものである」云々《うんぬん》と、百済に対しては倭国の権利主張が目立っている。

高句麗への詔には、「神の子が遣した」とあるが、神の子とは水中から生まれたと自称して、潜龍意識がある蓋蘇文と「大君は神にしあれば……」（『萬葉集』巻一九）と歌われた大海人にふさわしく、徳太が詔を読み上げた場面に、蓋蘇文が列席していた可能性は高い。

蓋蘇文は翌六四六年五月に、使者を唐国に派遣して、太宗に美女二人を献じたが、太宗は受け取らなかったという。このときも蓋蘇文本人が入唐したわけではないから、彼がどこにいたか不明である。

六四七（貞観二一・宝蔵王六・大化三）年、太宗は二度目の高句麗征討を決意し、李世勣はふたたび遼水を渡って南蘇《なんそ》城（撫順市の鉄背山城）他、数城を陥落させた。一方、牛進《ぎゅうしん》達《たつ》を大将にした水軍は莱州から牙山湾に上陸、百済の石城（扶余郡石城面）を陥落させ、北上して積利城（臨津江の上流の積城か）を落城させた。このときも蓋蘇文が出陣した様子がない。一二月には先に述べたように、蓋蘇文は莫離支任武として謝罪のため、入唐している。したがって、蓋蘇文は六四五年六月の「乙巳の変」のときには倭国にいたが、六四七年一二月までの間のいつの日か、倭国から唐国に現われたのである。

しかし、太宗は高任武の謝罪に耳も貸さず、海上戦が有利と見て、翌六四八年正月から、薛万徹《せつばんてつ》を大将に三万人の将兵を戦艦に載せて今度は鴨緑江に出た。もちろんこのときの戦いにも、唐国にいる蓋蘇文は出てこず、高句麗は完敗した。

翌六四九（貞観二三）年五月（「高句麗本紀」では四月）、太宗が死んで、しばらくの間、唐国の対高句麗戦は中断することになる。

『舊唐書』（列伝一四九上）を見ると、倭国は高表仁の来日をもって、一時、往来が中絶したが、貞観二二（六四八・大化四）年に新羅使人に付いて入唐して上表した。以後、起居を通じたとある。「新羅本紀」を見ると、それが正月だったことが分かる。前年、善徳王が死んで、唐国は使者を派遣し、真徳《しんとく》王を新羅王に冊封しているから、新羅使人の入唐は真徳王即位承認の謝礼と思われる。倭国の場合は、このとき孝徳即位の承認を求めたと思われる。というのは、『大織冠伝』では翌年の六四九年をもって白鳳《はくほう》元年としているからである。

孝徳朝の承認には、六四九年五月の太宗の死と、高宗の即位が大きく関係していると思う。つまり高任武、すなわち蓋蘇文は、高句麗の栄留王と倭国の山背大王殺害の謝罪と孝徳即位の承認を太宗に求めるために入唐したが、太宗の容《い》れるところとはならなかった。

しかし、六四八年暮には、太宗はすでに病に伏していたと思われる。そこで、倭国使者は、皇太子の高宗に孝徳即位の黙認を取り付けたと考えられるのだ。そこで太宗から高宗に中国の皇帝が代わったときに、倭国への政策が転換されたと見られる。事実、もともと太宗に対高句麗戦の中止を進言するなど、非戦派だった高宗が即位してからしばらくの間は、唐国と高句麗の間だけではなく、高句麗・百済と新羅の間でも抗争はなかったのである。このようにして、ついに義慈王は息子の孝を倭王（白雉朝）にして百済と倭国の実権を握った。しかし、倭国では「乙巳の変」後、孝徳朝に落ち着くまで、順調だったわけではない。

『書紀』にいう「乙支の変」直後の大化元（六四五）年六月から半年間、古人が即位しており、それから大化五（六四九）年までの倭王は確かに百済義慈王が兼任した孝徳朝だった。しかし六四九年の白鳳元年に即位した孝徳は、唐が承認した義慈王の太子である孝だった。それは後述する。

つかの間の古人大王・皇極朝

『書紀』によれば、皇極四（六四五）年六月の「乙巳の変」後、ただちに孝徳朝となる。私見では、六四四年一〇月まで山背大王時代であり、それから翌年六月の「乙巳の変」まで古人大王時代である。そうすると、皇極朝はまったく存在しないように見える。しかし、歴史時代以後の『書紀』の記述において、渡来した大王の王統譜や外国との政治的相関関係は極力、隠滅を謀っているが、私の見るところ、歴史そのものの創作は決してしていないのである。『書紀』に皇極朝がある以上、皇極朝は存在しないはずはないのだ。

そこで、もう一度、「乙巳の変」直後の『書紀』を見よう。

まず、「孝徳即位前紀」に、皇極が位を中大兄に伝えたいと思って、「詔して曰く」云々なる箇所がある。この場合、皇極が帝位にあれば、位を譲るとはっきりいうはずである。それに、中大兄らが専横な蘇我蝦夷・入鹿を殺しただけなら皇極は譲位する必要はないではないか。

『書紀』では「乙巳の変」後、軽皇子（孝徳）から皇位を譲ろうとされた古人が、座を退いて胸に手を合わせ、「天皇の聖旨を奉り順《したが》います。どうして、わざわざ私に譲ろうとなさるのですか。私は出家して吉野に入り、仏道を修行して天皇を輔《たす》けることを願っています」といって、帯びていた刀を捨て、法師姿になって去ったとある。そこで、軽皇子は壇《たかみくら》に昇って即位した。

「このときに大伴長徳連（古注・字は馬飼）が金の靫《ゆき》を帯びて壇の右に立ち、犬上健部君《いぬかみのたけべのきみ》が金の靫を帯びて壇の左に立った。百官《つかさつかさ》の臣《おみ》・連《むらじ》・国造《くにのみやつこ》・伴造《とものみやつこ》・百八十部《ももあまりやそのとものを》が列を作って（天皇を）拝した。是の日（六月一四日）に豊財天皇《とよたからのすめらみこと》の号を奉じて、皇祖母《すめみおや》尊《みこと》という。中大兄をもって皇太子《ひつぎのみこ》とする。阿倍内摩呂をもって左大臣《ひだりのおほおみ》とする。蘇我倉山田石川麻呂臣を右大臣《みぎのおほおみ》とする。大織冠《だいきむのかうぶり》をもって中臣鎌子連に授けて内臣《うちつおみ》とし、封戸を若干増した。中臣鎌子は忠誠心を懐《いだ》き、宰臣《まつりごとまへつきみ》の勢いによって官司《つかさつかさ》の上にあった。彼がいるので、物事の進退、廃置が計画通り行なわれた。沙門の旻法師・高向玄理をもって国博士とする。辛亥（一五日）に金策《こがねのふみた》を阿倍倉梯麻呂《くらはしまろ》大臣と蘇我山田石川麻呂に賜う（古注・或本にいう、練金《こながね》を賜うと）。乙卯（一九日）に天皇・皇祖母尊・皇太子は大槻《おほつき》の樹の下に群臣を招集して盟約した」

この条で問題になるのは、六月一四日に、阿倍（内）麿（摩）呂を左大臣に任じたとあり、翌日の一五日に阿倍倉梯麻呂が金策をもらったとあることである。普通、この両者は同一人と考えられている。しかし、私には阿倍磨呂と倉梯麻呂とが同じ人とは思えない。

阿倍磨呂は先述したように、高向玄理の前名と思われるから、入唐したときが推古一六（六〇八）年で一五歳と仮定しても、六四五年には五二歳くらいである。阿倍磨呂は推古三二（六二四）年に馬子の使者として推古と交渉した人である。一方、倉梯麻呂は『阿倍氏系図』（『群書類従』巻六三）に、大化五（六四九）年三七歳で死んだとある。そうすると、六四五年では三三歳であり、六二四年ではわずか一二歳で、使者となる年齢ではないから、到底、阿倍磨呂とは同一人ではない。

『公卿補任《くぎようぶにん》』の持統・文武条に、大宝三（七〇三）年に六九歳のとき、右大臣で死んだ布勢御主人《みうし》という人がいる。彼は後に阿倍朝臣と改名し、「安倍氏陰陽の先祖」とあるが、布勢麿古《まこ》臣の男（子）とある。つまり、麿古の子、御主人のときに、布勢から阿倍氏に改名したというのである。

先述したように、吉備真備が唐国で会った、玄理がモデルと思われる天明鬼が、「自分の子孫は安倍氏というのか」と聞いている。彼はもともと布勢という姓であり、後に子孫の御主人が阿倍氏に改名したのを確かめたかったのだろう。

『書紀』の大化二年三月条に富制臣《ふせのおみ》という人の名が見えるが、彼は東国の国司の介《すけ》（次官）である。この富制臣と御主人が同一人でないことは、大化二（六四六）年のとき、御主人はまだ一二歳であることから確かである。まず御主人は富制臣の息子か甥に該当しよう。そうすると、富制臣は布勢麿古と同一人か兄弟ということになる。高向玄理が大化改新の直後に常陸を中心にして班田制を実行しようとしていたことはすでに述べた。玄理は自分の血縁に連なる、年齢から見て息子と思われる富制臣を東国に派遣したのではないだろうか。したがって、倉梯麻呂と富制臣は同じ阿倍磨呂、すなわち玄理の息子に比定されるから、少なくとも、兄弟ということが推定される。

御主人は『公卿補任』によると、持統元年に納言《なごん》に始まって、最後が右大臣という高官になっているから、左大臣だった倉梯麻呂の子だろう。そこで、倉梯麻呂は麿古という別名を持っていたことが分かる。

このように、阿倍麿呂と倉梯麻呂が父子関係にあり、父親の阿倍麿呂も息子の倉梯麻呂も大臣になったとすると、大臣就任の時期がずれているのが普通だろう。

『書紀』を見ると、大化元年の後半に行なわれた政策を、大化二（六四六）年初めに変更して、富制臣らの東国の国司たちは叱責されている。順次、解明するが、大化二年には、百済の義慈王が孝徳として来日し、それまでの玄理が主導していた政策を転換した様子が見える。

討たれた古人一族

玄理が主導したと思われる、六四五年の後半に行なわれた政策の特徴は、東国に主眼を置き、戸籍や班田制を実行しようとしたことである。さらに私有地の売買を禁じたので、百姓は大いに喜んだとある。『書紀』では同時に皇極が即位した。このとき、大臣だった阿倍麿呂とは高向玄理のことである。

政変としては、一一月に古人一族が誅殺される事件があった。

まず、九月一二日に吉備笠臣垂《きびのかさのおみしだる》という者が、吉野にいる古人が謀反を計画していると、中大兄に密告する。古注では、垂は阿倍大臣と蘇我大臣（石川麻呂）に自首したとあるが、中大兄は早速、菟田朴室古《うだのえむろのふる》らに若干の兵を率いさせて、吉野に向かわせた。しかし、このときは、はかばかしい戦果はあがらなかったらしく、古注によると、一一月に二度目の討伐隊が出発する。門脇禎二（『大化改新史論』下　思文閣出版　一九九一年）は、九月の一次征討隊は説得に主眼が置かれていたのではないかという意見だが、それを証明するものはない。

したがって、一次征討隊は、古人側の防御が厳しく、成功しなかったと見た方が順当である。特に、古人側にあった朴市《えちの》（秦造《はたのみやつこ》）田来津《たくつ》は勇将だったから、簡単には降せなか

った と 思われる。

一一月三〇日に、中大兄が阿倍渠曾倍臣《こそへのおみ》・佐伯部子麻呂《さへきべのこまろ》二人をして、兵四〇人率いさせて古人を討ち、古人とその子を殺した。妃妾は自殺したという。子麻呂は「乙巳の変」のとき、鎌足に入鹿を斬るよう命じられて、食物を戻しながらも中大兄とともに入鹿を斬った男である。したがって、鎌足の腹心と思われるが、後に中大兄が子麻呂の病気見舞いに出かけているところより見ても、中大兄との関係もよかったようである（天智五年三月条）。

渠曾倍臣は『新撰姓氏録』（左京皇別上）に「許曾倍朝臣、阿倍朝臣と同祖」とあるから、阿倍氏の同族である。阿倍磨呂は私見では高向玄理だから、渠曾倍臣は玄理の一族と考えられる。そこで、私は渠曾倍臣という名は、玄理の息子とある蓋蘇文、つまり大海人の変名と考える。彼は当時、まだ倭国に滞在していたが、前大王の古人を誅殺しなければ、安心して倭国を後にすることができなかったのではないだろうか。

古人は中大兄の異母兄である。そして中大兄の妃、倭姫王は古人の娘である。しかし倭姫王が中大兄を恨んだ様子は、次の『萬葉集』（巻二）の歌からは見られないのである。『書紀』のように中大兄主犯説では、このことは理解できない。

天皇崩《かむあが》りましし後、倭大后の作りましし御歌一首

人はよし思ひやむとも玉鬘《たまかづら》

影に見えつつ忘れえぬかも

中大兄を英雄視したいのか、また別の目的があるのか分からないが、『書紀』は「乙巳の変」や古人一族殺害などの所業を、中大兄一人の責任に帰す傾向がある。大海人に比定される蘇我倍臣はいうに及ばず、鎌足の腹心の子麻呂も、鎌足と孝徳、大海人側の一員であったことは間違いない。子麻呂は、すでに中大兄の妃でありながら古人とともに吉野にあった倭姫王を助けたのか、あるいは助けて後中大兄に献じたのか分からない。しかしいずれにしても、中大兄が子麻呂の病床を見舞ったのは、何らかのかたちで中大兄のために働いたことがあったからだろう。

また、古人側にあった朴市田来津だが、この後、「白村江の戦い」のときに敵を数十人、殺して、壮絶な戦死を遂げたという（天智二年八月条）。

彼は古人伏誅《ふくちゆう》のとき、一命を助けられた恩義を感じたのであろうか。政治的動きはま

ったくできない、生一本《きいっぽん》な男の生涯もあったのだ。

第五章

黒幕たちの運命

倭国に進出する百済義慈王

「乙巳の変」のあった大化元（六四五）年一二月条に「難波長柄豊碕《なにはのながらとよさき》に都を遷《うつ》す」とあり、大化四（六四八）年正月条に「天皇、難波碕宮に幸す」とあることから、難波宮がいつ完成して、孝徳がいつ居を移したのか、さまざま議論されているが決め手はない。

大化元年条は、王族の居室を表わす「宮」がつけられていないことから見て、孝徳朝が難波を都にすることを決定したのを『書紀』はいわんとしたのだろう。孝徳が難波に来て最初に住んだ場所は、大化二年正月条の古注に見える「難波狭屋部邑《さやべのむら》（摂津国西成郡）の子代屯倉《こしろのみやけ》を壊して行宮《かりみや》を建てた」とある、その行宮だったと思う。

私見では、孝徳は義慈王である。義慈が倭国王を兼任したとするなら、少なくとも一度は倭国に来ないはずはない。そこで「百済本紀」を見ると、六四五（大化元）年五月、太宗の高句麗征伐に抵抗して、王みずから兵を徴発して新羅の七城を奪おうとしたとある記述から、六四九（大化五）年八月に、王が命じて新羅の七城を攻略したとあるときまで、義慈王その人の動きは見えない。

特に、六四六年、倭国では大化二年にあたる条は「百済本紀」ではまったく欠落している。私は六四五年の暮れに義慈王は再来したと見る。それは『書紀』の大化元年一二月九日条に、難波豊碕に都を遷すとあって、老人らが「春から夏にかけて、鼠が難波に向かったのは、都を遷す兆しだ」と話し合ったとあり、続いて二四日に越国から「海辺に枯査《うきき》（浮木・いかだ）が東に向いて移り去った。砂の上に跡があったが耕田のようだった」との報告があったという条から推量される。この「東に向いて、いかだが移った」という讖緯説的表現で、『書紀』は百済から義慈が来日したのを暗示させているのだ。

義慈はひとまず難波狭部邑の行宮に落ち着き、翌大化二年の正月に即位し、前に述べた「改新之詔」といわれる数多くの詔勅を次々に発布する。孝徳（義慈）が即位した大化二年正月に、初めて右大臣に石川麻呂、左大臣に倉梯麻呂を任命したと思われる。大臣だった阿倍麿呂、すなわち高向玄理は国博士として、一線を退いたのであろう。

三月には、東国の国司たちへの叱責の詔があるが、これは、高向一族、すなわち玄理に対する牽制の意味があったと思われる。その中で特に目を引くのは、穂積臣咋《くひ》とその介《すけ》（次官）の富制《ふせ》臣に対する条である。咋に対する叱責の理由は、官人の威勢をもって百姓から収賄したということだった。玄理の息子に比定される富制臣の罪は、長官の咋の不正を正さなかったというのである。

ところで、咋とは変わった名だが、鎌足の母方の祖父は大伴咋（囓・久比子）という。

また、鎌足の父親の名は御食子《みけこ》（『尊卑分脈』）といい、「食」（くい）という字がある。

穂積氏は、『姓氏録』（左京神別上）では石上（物部）氏と同祖であり、ニギハヤヒの五世の孫、伊香色雄命《いかがしこおのみこと》の子孫とある。『先代舊事本紀』（天神本紀）によると、中臣氏は物部氏とともに天孫降臨の供人として天下っているから、両者も遠い関係ではない。先述したように、鎌足の百済名は智積と思われるが、穂積とは積という字で共通している。

また、鎌足の母の名は智仙娘というが（『尊卑分脈』）、智積とは智の字で通じている。

咋は東国の国司といっても、玄理の息子の富制氏の上司という要職にあるところより見て、鎌足その人にふさわしいのである。

ところが、穂積咋が鎌足自身であることは、『書紀』の中でも第一級の極秘事項だったようだ。それは次の理由による。

咋は三年後の大化五年七月、石川麻呂討伐軍に加わっただけでなく、二田鹽《ふつたのしお》という者に命じて、石川麻呂の死体を八つ裂きにすることを命じた将軍の一人である。彼はよほど石川麻呂に恨みがあったと見える。石川麻呂は、推古朝末から義慈の倭国王就任を推していた人だから、孝徳朝成立に尽力したのは当然である。孝徳朝の存続のために力を尽くしたのだから、東国にあって玄理方の有力者であった咋の悪行の告発にもつながったのであろう。

中大兄は、義慈王に百済の地を追われた武王の息子の翹岐であってみれば、義慈王の倭国王孝徳即位に賛成のはずはない。しかし、当面、孝徳の下に雌伏せざるを得なかったのだろう。大化二年三月二〇日条に、孝徳が中大兄に、当時、すべての臣・連・伴造・国造が所有していた子代入部[注7]や、皇子たちが私有する御名入部・彦人大兄（タリシヒコ）の御名入部、及びその屯倉を従来のままにしておくのかどうか下問した条がある。孝徳は中大兄に迫って、蘇我本宗家の所領も含めて、倭国の経済力を自分の手中にしようと計ったのである。それに対して、中大兄は次のように答えたという。

「天にふたつの日なく、国に二人の王はありません。それゆえに、天下を兼ねあわせて万民を使えるのは、ただ天皇だけです。入部《いりべ》の封民を仕丁《つかへのよほろ》（官に徴発された人）に選ぶのは、先の規則に従いましょう。これより他は私事に使うのを恐

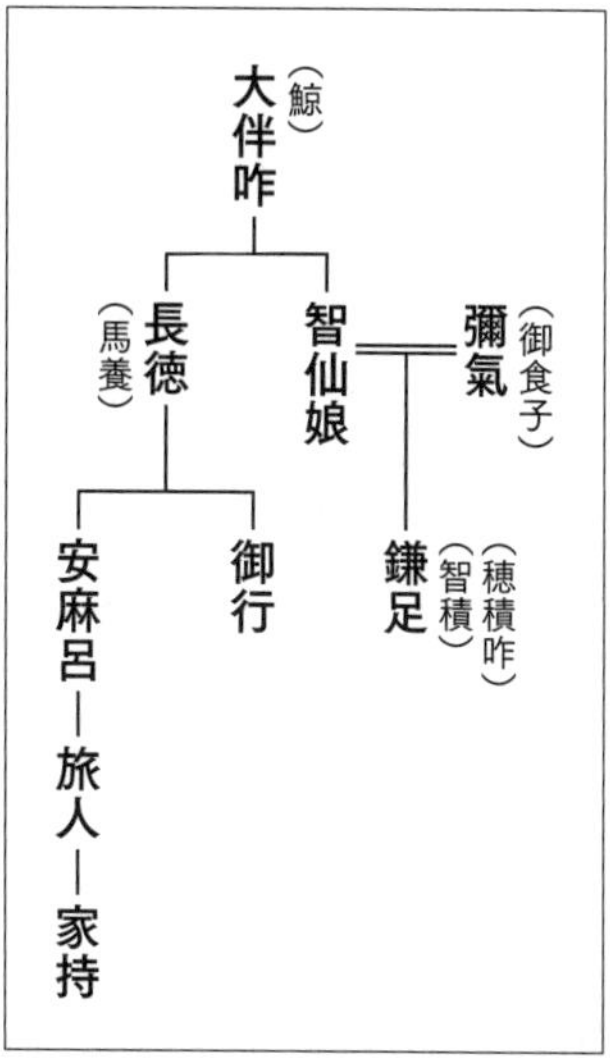

れます。そこで、入部五二四口と屯倉一八一所を献上します」

門脇禎二(前掲『大化改新史論』下)は、屯倉一八一所は、皇極元年是歳条の、蘇我蝦夷が国を挙げての一八〇部曲を発したとある一八〇部曲に対応しているという意見であるが、正解であろう。「乙巳の変」後、中大兄は蘇我本宗家の所領を没収して自己のものにしていたのである。しかし、屯倉一八一所に対して、入部の民が五二四人というのは少なすぎると指摘する意見が多い。屯倉の定員がどのくらいか明確に示した資料を知らないが、一屯倉の員数は約五〇〇人くらいなのではないだろうか。蝦夷の持っていた屯倉が一八〇で、中大兄が孝徳に献じたのは一八一であり、ここに一屯倉の差がある。この一屯倉に相当するのが五二四人であり、この一屯倉は百済王子翹岐が来日したとき、山背大王から下賜された中大兄本来のものではないだろうか。

注7 従来から入部(御名入部・子代入部)の意味についても、さまざま解釈されてきたが、定説はない。もともと「部」「部民」は北魏の部民制がその初源だが、部民とは結局、王室や豪族が所有する村落民とおおまかに規定してよいと思う。そこに「入《イリ》」がつくので問題は複雑になるのである。私は外国から倭国に来た人が部民をもらったり、連れて来た外国人がそのまま部民になった場合、彼らを入部といったと考える。つま

り、他国から入ってきた部民だから入部なのである。そういう意味でいえば、百済王子翹岐がもらった部民は典型的な入部といえよう。

火災に遭う中大兄

ところで、中大兄がせっかく没収した蘇我本宗家の所領を、涙を飲んで手放すには、やはり鎌足の説得が大きかったと思う。『書紀』に見えるように、鎌足が叔父である孝徳を立てるようにいったかいわないかは別にして、中大兄も、この際一応、引き下がる方が賢明と判断したのであろう。

孝徳朝に不満なのは中大兄ばかりではなかった。義慈の百済王実現に力を貸したと思われる玄理も、義慈が倭国まで進出して倭国王になることは予想しなかっただろう。また「乙巳の変」後、彼が中心になって、曲がりなりにも皇極朝として発足したばかりだったから、不満が募《つの》ったのか、九月に金春秋を来日させるために新羅に出かけた。これは義慈にとって、大変な裏切り行為であることに間違いない。

金春秋は翌大化三（六四七）年に来日したが、帰国の記事は見えない。しかし翌年の六四八年正月には入唐しているから、表面上は何事もなく間もなく帰国したらしい。彼は、孔雀《くじやく》や鸚鵡《おうむ》など南方の鳥を携えて来たが、姿形がよく、よく談笑したという。金春秋は社交的な人だったらしい。彼は太宗に気に入られ、文王の称号をもらい、武衛将軍に任じられたという。また、太宗は春秋の要請を受けて、できたばかりの『晋書』を与え、三品以上の待遇で接待したという（『舊唐書』一四九上・東夷他）。

このように太宗に気に入られている春秋は、玄理の要請と太宗の内密の承認を得て、孝徳朝存続が可能か否か、倭国の実情を探りに来日したのかもしれない。帰国後、ただちに入唐しているところより見ても、その可能性はあろう。しかも、金春秋が入唐した六四八年正月に、ただちに太宗が第三次高句麗征討を開始しているのは、高句麗と連合する義慈（孝徳）が倭国王となって倭国を専断しているという金春秋の報告があったことを裏づけていると思う。大化五年の金多遂《きんたすい》の来日も、『書紀』の記事にある「質《むかはり》」というのを額面通り受け取るのではなく、新羅が倭国への足がかりを求めて来日させたと考えた方が、真相に近いのではないだろうか。

大化二（六四六）年二月条に、皇太子・中大兄の宮が火災に遭ったとある。中大兄は来日してから、二度も火災に見舞われたことになるが、二度目の火災は、金春秋の来日に際して、中大兄母子を威嚇するために、孝徳が放った伏兵によるものかもしれない。しかし、内乱などの大きな事件には発展しなかった。

大化三（六四七）年是歳条に、「小郡《おごほり》を壊して宮を造る、天皇、小郡宮で礼法を定む」とある。この小郡に関しても諸説あるが、門脇禎二（前掲『大化改新史論』下）の説のように、大郡・小郡の区別はなく、皇極元（六四二）年正月条に見える外国使者の宿泊施設だった難波郡を指すと思われる。義慈は百済から来日して、いわば迎賓館を改造して宮城にしたのである。

小郡宮および難波郡の所在地については、現在の難波宮跡（大阪市中央区法円坂）に比定する説、しない説など、諸説あって未詳とする他はない。

この小郡で、孝徳は七色一三階の冠位を制定し、翌年の大化四（六四八）年四月から、新しい冠制を施行した。しかし、右大臣の石川麻呂も左大臣の倉梯麻呂も新しい冠に替えようとせず、古い冠のままだったという。もともと、大臣は一人であり、蝦夷が入鹿に紫冠を授けたとあるように紫色だった。孝徳は大臣を一人から二人にし、冠の色も大小はあっても六階までは同じ紫にした。おそらく、大臣の専横を避けるためだったと思われる。

左大臣の倉梯麻呂はともかくも、右大臣の石川麻呂が不満なのは当然考えられる。彼は山背朝成立以前から孝徳即位に奔走した人である。その上、蘇我本宗家滅亡後は蘇我一族の頂点にあると同時に、一名、倉山田と称されるように、倭国随一の経済力を持っていた。

孝徳朝は、河内から難波にかけての石川麻呂の所領地を基盤に成立した難波王朝ともいえるのである。石川麻呂としては、むしろ孝徳が彼に恩を感じこそすれ、一大臣に貶《おとし》められる理由はないという思いだったろう。

ここで、蘇我一族の経済力について述べなければ、なぜ石川麻呂が殺されなければならないかの理由が分からない。

蘇我一族の経済力とは

屯倉とは本来、皇室の直轄領をいうが、蘇我一族が政界を主導するようになって全国的に拡充されたという門脇禎二（『日本古代政治史論』塙書房　一九八一年）の意見は妥当であろう。最初に蘇我満智が倭国に登場した雄略朝には、彼は大蔵を司《つかさど》ったのだから、すでに、この頃から屯倉とはいわないにしても、それに類する大蔵管理の役職にあったのである。しかし、継體朝初期に満智が任那に退去してから、一時、倭国内での蘇我氏の経済基盤は消滅したと見てよいと思う。

宣化朝からの稲目の時代、蘇我氏が倭国に再来して、稲目は大和地方の、当時すでに土着勢力になっていた葛城氏の女婿になり、まず、吉備地方（岡山県真庭市か）の五郡に白猪《しらい》の屯倉を置いた（欽明一六年七月条）。当時、私見では倭国に王は存在しなかったから、実質的に蘇我一族の直轄領といえる。翌欽明一七年七月には、備前の児島郡に屯倉を設置し、一〇月には大和の高市郡に韓人大身狭屯倉《からひとのおほむさのみやけ》と高麗人小身狭屯倉《こまひとのをむさのみやけ》を置き、紀の国に海部屯倉《あまのみやけ》を置いたという（欽明一七年条）。これより、蘇我氏の屯倉は渡来人によって形成され、渡来人の定着の多い地域に設置されていることに気づく。このことによっても、蘇我一族が国際的な氏族であることと、屯倉そのものが稲目の発想による新しい統治組織であることが窺われよう。

欽明朝末期に稲目が死んで、敏達朝になり、物部氏の台頭があって、蘇我一族の倭国での勢力拡大は一時、頓挫する。高句麗系の敏達天皇は、蘇我氏の屯倉にあたる日祀部《ひのまつりべ》・私部《きさいちべ》を置いて直轄領とし、自己の勢力拡充を計った（敏達六年二月条）。しかし、敏達はもともと高句麗の亡命王族であり、倭国の基盤が強固でなかったため、蘇我氏と物部氏という倭国内の勢力に追われて、百済の威徳王として倭国を去る（『継体朝とサーサーン朝ペルシア』）。

これより、物部氏と蘇我氏による倭国を二分する権力闘争の時代になるが、五八七年七月、物部守屋の死によって、蘇我氏の勝利に終わる。『書紀』には物部氏が滅ぼされた後、四天王寺を造り、守屋に所属する奴婢《ぬひ》と家宅の半分を大寺に寄贈したとある。『荒陵寺《あらはか》御手印縁起』（一一世紀前半）には、守屋の一族の二七三人が奴婢として河内・摂津・播磨などにあった守屋の莫大な所領とともに四天王寺に納められたという。

しかし、四天王寺は守屋の死後、ただちに建立されたわけではない。四天王寺は、伽藍《がらん》跡の発掘調査によって、推古末（五九三〜六一八）年までに塔・金堂中門・南大門が完成し、奈良時代前期に回廊と講堂が建造されたといわれる（川岸宏教《かわぎしこうきょう》「四天王寺の創立と発展」所収　鶴岡静夫《つるおかしずお》編『古代寺院と仏教』名著出版　一九八九年）。推古朝においてすら、四天王寺は完全には建立されていなかったのである。

では、物部氏一族の滅亡後、物部氏の所領はどうなっていたのだろうか。「崇峻即位前紀」に馬子の妻は守屋の妹だが、馬子は妻の計画を用いて守屋を殺したという条がある。また、皇極二年一〇月条に、入鹿とその弟の祖母は守屋の妹だが、彼らは母方の財産によって勢力を張ったという。特に入鹿の弟を、蝦夷は物部大臣と称したとある。馬子の妻が守屋の妹なら、入鹿らの祖母は守屋の妹ということになる。

「守屋の遺産は、一旦、蘇我氏のものとなり、蘇我氏本宗家の壊滅後、官に没収されたもののの、一部が四天王寺に下賜されたとみるのが最も自然である」という加藤謙吉《かとうけんきち》（『蘇我氏と大和王権』吉川弘文館　昭和五八年）の意見は、おそらく正しいだろう。入鹿の別名鞍作が、『荒陵寺御手印縁起』に見える守屋の所領地の河内国鞍作と一致しているところより見ても、守屋の遺産は、守屋の妹である馬子の妻から、主に入鹿に伝えられたのだろう。

皇極三年一一月条に、蝦夷・入鹿父子が、私兵をもって屋敷や身辺を警護させたが、それを東方《あづま》の儐従者《しとべ》といったとある。この東方の儐従者を、日野昭（『日本古代氏族伝承の研究』永田文昌堂　一九七一年）は東国出身の兵士と解釈している。東国の中でも、特に千葉県は蘇我氏との関係が強いらしい。『延喜式』（神祇九神名上）の下総の条の千葉郡に蘇賀《そが》比咩《ひめ》神社がある。

また、千葉県印旛《いんば》郡栄町には、七世紀前半のものと考えられている大型方墳の岩屋《いわや》古墳がある。方墳は馬子の桃原の墓に目されている石舞台が方墳である等、蘇我氏との関係が深いといわれる（安藤鴻基《あんどうこうき》「千葉県にみる推古朝の葬制改革」所収　金井塚良一《かないづかよしかず》編『前方後円墳の消滅』新人物往来社　一九九〇年）。この古墳の近くに、千葉県で最も古い七世紀中葉に比定される寺院跡（龍角寺《りゅうかくじ》）があるが、ここには石川麻呂が創立した山田寺（奈良県桜井市）の仏頭に似た白鳳式の薬師如来の座像が伝存しているし、山田寺系の鐙瓦《よろいがわら》が出土している。

これらから、蘇我氏の警護を務めた東国兵は、千葉県を中心にした地域の出身者が主体だったと思われるが、蘇我氏が白猪屯倉の所在地である岡山県や和歌山県（海部屯倉）のような西南地方ばかりではなく、東国にも勢力を張っていたことが知られる。

稲目は小墾田《おはりだ》の向原《むくはら》（桜井市大福か・欽明一三年一〇月条）・軽《かる》（橿原市大町・欽明二三年八月条）に、馬子は槻曲《つきくま》（所在地不詳・用明二年四月条）・嶋《しま》（後の嶋宮・高市郡明日香村・推古三四年五月条）に、蝦夷は大津（泉大津市か・皇極三年三月条）、そして入鹿とともに甘檮岡《うまかしのおか》（高市郡明日香村・皇極三年一一月条）や畝傍山の東（皇極三年一一月条）に邸宅を構えた。また、蝦夷は葛城の高宮に祖廟を建てたが、この地はかつて推古に自分の生地であると割譲を要求した葛城県であろう。稲目の妻は葛城氏の出身だから、馬子の母は葛城氏の娘であり、馬子は葛城氏の邸宅で生まれたことをもって、本居と称して要求したと思われる。彼は推古の死後、その地を自家のものとしたと見える。

蘇我摩理勢が蝦夷と争い、馬子の墓所から蘇我の田家《なりどころ》に退去したが、この田家は橿原

蘇我氏系図

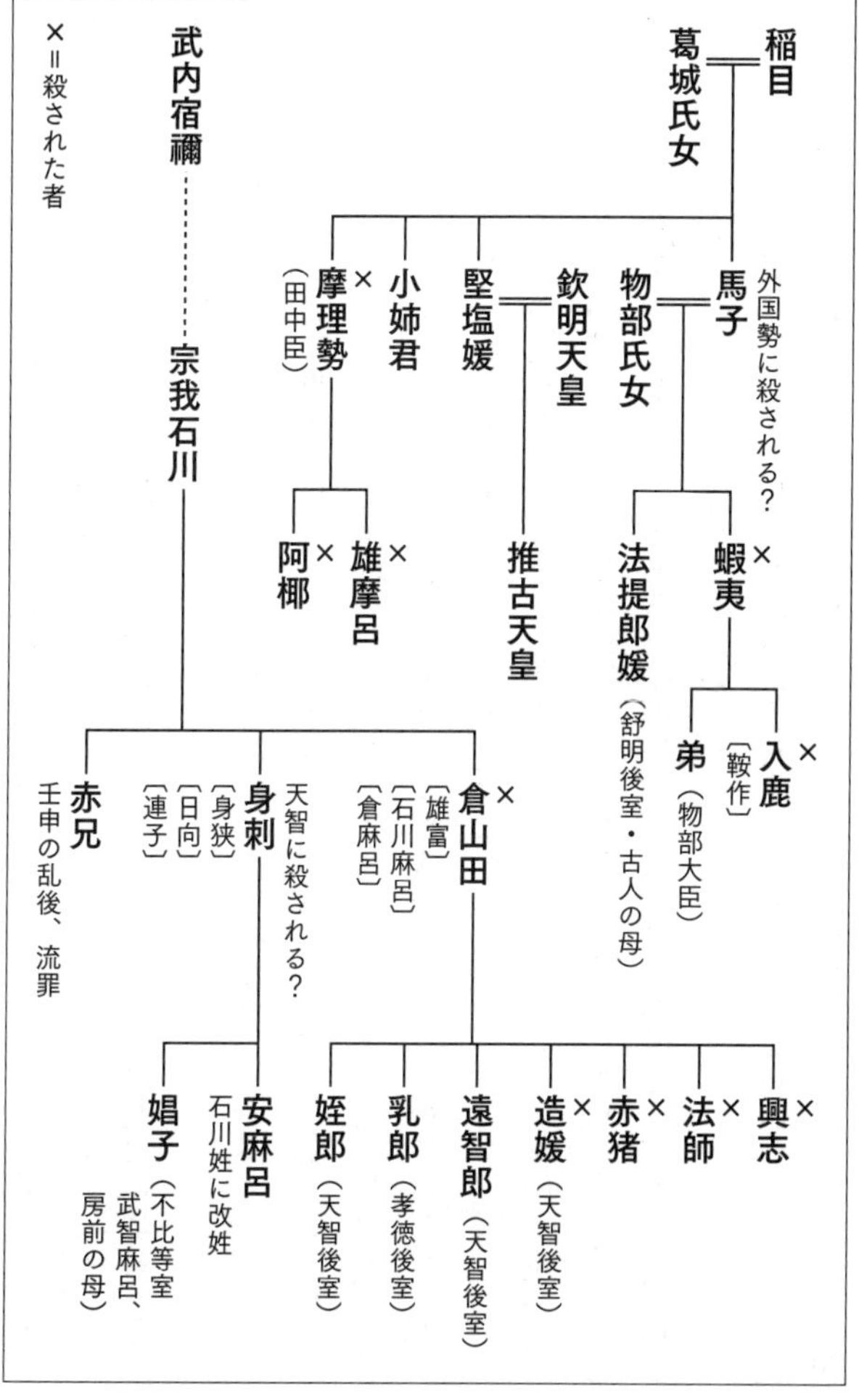
×＝殺された者
稲目
葛城氏女
馬子
外国勢に殺される？
物部氏女
欽明天皇
堅塩媛
小姉君
×摩理勢
（田中臣）
蝦夷×
法提郎媛
（舒明後室・古人の母）
推古天皇
雄摩呂×
阿椰×
入鹿×
（鞍作）
弟
（物部大臣）
武内宿禰
宗我石川
倉山田×
（雄富）
（石川麻呂）
（倉麻呂）
天智に殺される？
身刺
（身狭）
（日向）
（連子）
赤兄
壬申の乱後、流罪
興志×
法師×
赤猪×
造媛×
（天智後室）
遠智郎
（天智後室）
乳郎
（孝徳後室）
姪郎
（天智後室）
安麻呂
石川姓に改姓
娼子
（不比等室
武智麻呂、
房前の母）

市曽我町で、木満致が百済から来て最初に邸宅を構えた場所といわれ、宗我都比古《そがつひこ》神社のある場所である。摩理勢は蘇我一族の本願の地に住んでいたのだ。摩理勢は馬子の弟だから、蝦夷の叔父にあたる。稲目の娘で欽明妃の堅塩媛《きたしひめ》の改葬の日、摩理勢は「氏姓《うぢかばね》の本《もと》」を誄《しのびごと》したという（推古二〇年二月条）。

門脇禎二（『蘇我蝦夷・入鹿』人物叢書一七七　吉川弘文館　昭和五二年）は、当時の家族秩序においては、家長の同世代の兄弟の方が、子孫など世代が下の直系の男子より権限や相続権が強かったから、馬子の次に摩理勢が一族を代表する立場にあったという意見であるが正解だろう。そうすると、馬子亡き後、蘇我一族を代表する者は蝦夷ではなく、摩理勢だったことになる。これで摩理勢が泊瀬王（私見では前述したように推古の息子竹田王）と結んで始まった、摩理勢対蝦夷のタリシヒコ以後の政争（タリシヒコが倭国を去ってから）は、必ずしも蝦夷が勝つとは限らなかったことが理解されよう。蝦夷にとって幸いしたのは泊瀬王の気弱な態度だったのである。摩理勢の邸宅は摩理勢滅亡後に蝦夷が没収したと思われ、畝傍山の東の邸宅と称しているのがそれであろう。

ところで私は、石川麻呂は推古朝末期に見える倉麻呂と同一人だと推論した。石川麻呂は系図によると蝦夷の弟の子だから、入鹿と同世代になる。そうすると、石川麻呂の父親は蝦夷のよほど年長の庶兄（妾腹の子は年長であっても弟とされた）か、石川麻呂が蘇我氏本宗家と別系の人と考える他はない。

『日本三代実録』の元慶《がんぎょう》元（八七七）年一二月条に、「始祖大臣の武内宿禰の息子宗我石川は河内国石川別業に生まれたので、石川をもって名となす」とある。

ここには石川麻呂が馬子の子とも孫とも出ていない。ただし、敏達一三年是歳条に、馬子が石川の宅に仏殿を造り、仏法はこのときに始まったという条を、河内の石川に比定する説もあるが（福山敏男《ふくやまとしお》『日本建築史研究』墨水書房　一九六八年）、『大和志』（著者不明江戸時代）に「高市郡石川廃精舎、石川村古址」とあるように、馬子の石川の宅は高市郡とした方が妥当かと思う。仏教寺院初発の地が河内とは、考古学的に見てもうなずけないのではないか。

そこで、私は石川麻呂は蘇我氏の一族ではあるが、稲目—馬子の蘇我本宗家とは違い、稲目以前に枝氏となった高向氏と同様、河内に本拠を持つ蘇我氏の別系と考える。石川麻呂は倉山田ともいうが、普通それは、石川麻呂が建立した現桜井市にあった山田寺にちなむといわれている。しかし『法王帝説』に、推古天皇陵が「川内の志奈我《しなが》の山田の寸《むら》にあるという」とあり、これで河内の磯長谷《しながだに》に山田という地名が存在していたことが分かる。

そこで、加藤謙吉（前掲『蘇我氏と大和王権』）は、河内山田は石川地方に包摂される場所であり、河内の山田も倉山田石川麻呂の名に関連しているという意見である。私は、桜井市の山田寺は石川麻呂が建立したので山田寺と名づけられ、山田という地名になったのであり、本来、山田という地名は河内の山田が初源と見る。

大化五年三月条に、中大兄に追われた石川麻呂が茅渟道《ちぬ》より、倭国の境に行くとある。茅渟はもともと、茅渟県・茅渟海・茅渟宮が存在した和泉国（大阪府泉佐野市）一帯をいうが、安閑妃の一人、巨勢男人《こせのおひと》の娘の屯倉の所在地でもあった（安閑元年条）。石川麻呂の娘に茅渟娘がいるところより見ても、石川麻呂の所領は茅渟にあったと考えられ、安閑朝から稲目の登場する宣化朝にかけて、蘇我一族の所領となったのであろう。

蝦夷・入鹿の蘇我本宗家が滅ぼされた後、所領のほとんどは中大兄が一旦所持したのは先述したが、しかし、蘇我氏の別系石川麻呂は氏上《うじのかみ》となり、なお蘇我氏は他の豪族を圧して、抜群の経済力を誇っていたのである。

系図上では茅渟王は斉明の父親、私見では茅渟王は義慈本人と思われるから、義慈つまり孝徳は、その名からして石川麻呂と近い関係にあるのが推察される。孝徳妃に石川麻呂の娘の乳娘《ちのいらつめ》がいる。おそらく、この名も茅渟からきたものであろう。義慈が倭国に進出する際、武王（舒明）王子の古人を推す蝦夷・入鹿に対抗するには、蘇我氏の中にあって第二の実力と経済力を持ち、河内・難波方面を本拠にする石川麻呂と結ぶことが、義慈にとって当然の政策だったのである。

そこで、蝦夷・入鹿の蘇我本宗家が滅ぼされて、初めて孝徳朝が成立することになった理由が理解されよう。ただし義慈王（孝徳）は大化（六四五〜四九）年間だけの倭王であり、唐に承認されていなかった。唐は百済義慈王の倭王兼任を許すはずはないからだ。石川麻呂は唐に承認されない孝徳に不安を感じ、中大兄に将来を託すことにしたのだろう。

蘇我石川麻呂の遭難

石川麻呂の後盾を望むのは義慈ばかりではなく、中大兄もそうだった。

天智七年二月条に、天智の妃に石川麻呂の娘の遠智娘《をちのいらつめ》（古注では美濃津子娘《みのつこのいらつめ》・茅渟娘）とその妹の姪娘《めひのいらつめ》がいるとある。遠智娘は石川麻呂が殺された後、傷心のあまり死んだ造媛《みやつこひめ》と一般的には同じ人といわれている。

しかし私は大化五年の三月条に見える造媛は遠智娘とは別人だと思う。天智の後室には造媛、遠智娘、姪娘と三人の石川麻呂の娘がいたようである。

皇極三年正月条に次のような挿話が載っている。

鎌足が中大兄に、大事を謀るには輔弼《ほひつ》する人がいるが、それには石川麻呂がふさわしい。石川麻呂とよしみを結ぶためには、まず、彼の娘と結婚するように進言する。それを聞いた中大兄が喜んで承諾したので、鎌足がみずから仲人となって石川麻呂の宅に出かけた。ところが、石川麻呂の娘は、初夜の晩に一族の身狭臣《むさのおみ》に盗まれてしまった。石川麻呂が困っていると、妹娘が代わりになると申し出て事件は収まったというのである。

この事件は皇極三年前後にあったのだろうから、六四四年頃と思われ、翹岐が来日して間もない頃の話である。しかし、百済より亡命して間もない一王子に、石川麻呂が将来を賭けるだろうか。それに、この頃はまだ、鎌足と中大兄がそれほど親密な間柄かどうか疑問に思う。それよりも、鎌足と義慈の間なら考えられる。

義慈は私見では、母はサマルカンドの王族、父は一応、高句麗嬰陽王だから、それまで倭国に縁の薄かった人である。そこで、鎌足が石川麻呂の娘との縁組を勧めるのは当然予想される。

そこで私は『書紀』が孝徳の話を中大兄にすり替えたと推測している。なぜなら、石川麻呂の長女を盗んだのは石川麻呂の弟の身狭だが、後に中大兄に石川麻呂を讒訴《ざんそ》して、石川麻呂討伐に発展させる人である。つまり身狭はこの頃から、中大兄のために働いていたと考えられる。身狭が盗んだ長女は中大兄に渡した。それが天智妃の造媛であり、石川麻呂の困惑しているのを気の毒に思った妹娘が、みずから志願して孝徳妃となった。それが乳娘だろう。

『書紀』としては、鎌足と孝徳との間よりも、鎌足と中大兄との間の方が、より緊密といいたいがための作為だろう。ただし、身狭が中大兄のために働くにはわけがある。身狭は石川麻呂の弟である。石川麻呂が死ねば、蘇我一族の財産および所領は身狭のものになるではないか。しかし、この考えが甘かったのは、後に身狭自身、身をもって知ることになるのだ。

六四五年九月に来日したと思われる義慈が、いつ百済に行ったかは分からない。しかし、六四七（大化三）年は新羅では善徳王から真徳王への交代の年であり、新羅から金庾信が百済に侵攻しているから、少なくともそれまでには帰国したであろう。『書紀』大化二（六四六）年八月条の、天皇が蝦蟇行宮《かはづのかりみや》（所在地不明）に行くなどとあるのがそれを暗示しているのかもしれない。

しかし、白雉元（六五〇）年正月の賀正の礼は即位式と思われるし、「百済本紀」では六五〇年が欠落しているから、六五〇年は倭国に滞在していたとしても、その間、義慈が百済と倭国の間をどのように往来していたかは分からない。つまり、「百済本紀」に欠落している六四六（大化二）年と六五〇（白雉元）年は、年間を通じて、義慈は倭国に滞在していたと思うが、その他は不明とするしかない。

したがって、大化五（六四九）年三月の石川麻呂誅殺事件のときに義慈が倭国に滞在していたかどうか分からない。ただし、天皇が大伴馬養（飼）や穂積咋を石川麻呂宅に遣わして、罪を糾弾したというから、倭国にいたのかもしれない。孝徳が石川麻呂を糾弾する直接の動機は、彼が左大臣の倉梯麻呂とともに、新制度下の冠ではなく、旧《ふる》い冠を被っていたからと思われる。衣服や冠の色は当時、厳しく規制されており、それに違《たが》うということは、即、現政権への反抗と取られても仕方のない時代だったのである。

事件の発端は大化五年三月の左大臣阿倍倉梯麻呂の死に始まった。おそらく旧冠を被って孝徳に反抗したため暗殺されたのだろう。『書紀』には次のように見える。

「倉梯麻呂が三月一七日に死んで天皇（孝徳）は朱雀門で哭泣《こっきゅう》し、続いて皇祖母尊・皇太子・諸公卿が哭泣した。二四日に蘇我日向《ひむか》（古注・字は身刺《むざし》〈狭〉）が中大兄に、『私の異母兄の（石川）麻呂は、あなたが海辺で遊んでいるところを殺そうとしました。近いうちに謀反するでしょう』と讒訴した。中大兄は彼の言葉を信じた。孝徳は大伴馬養・三国麻呂・穂積咋を石川麻呂の宅に遣わして、謀反の虚実を誰何《すいか》した。石川麻呂は『あなたの質問の返事は直接、天皇に申します』と答えた。天皇（孝徳）はふたたび三国麻呂と穂積咋を遣わして、謀反を審議した。石川麻呂は前と同じ返答をした。

天皇（孝徳）は軍兵をもって石川麻呂の屋敷を包囲しようとしたので、石川麻呂は彼の二人の子法師《ほうし》と赤猪《あかい》とを率いて、茅渟道より大和の国境まで逃げた。石川麻呂の長男の興志《こご》は山田の家（山田寺・桜井市）に住んでいたが、今来《いまき》の大槻《おほつき》の場所まで（父を）出迎え、ともに山田寺に入った。そこで、興志は父親の石川麻呂に『私みずから、敵を防ぎ、戦いたいと思います』といったが、石川麻呂は許さなかった。この夜、興志は宮（古注・宮は小墾田宮）を焼き打ちしようと兵士を集めた。

二五日に石川麻呂は興志に『お前は命が惜しいのか』と聞いた。

興志は『惜しくなどありません』と答えた。そこで、石川麻呂は山田寺の僧侶や興志ら数十人に『人の臣下となる者は、どうして君に反逆ができようか。どうして父に孝を失してよいものか。この伽藍は、もとより私自身のために建てたのではない。天皇のために誓願して建立したものだ。今、私は身刺（狭）の讒訴のために横死《おうし》するのを恐れている。そこで私のささやかな願いだが、黄泉《よもつくに》にも忠義心を抱いたまま行きたいものだ。寺に入ったのは臨終のときを安らかにしたいからだ』といって、仏殿を開き、仰いで『願わくば、我、生生世世《よよよよ》（幾度生まれ変わろうとも）君を恨むまい』と誓願した。誓い終わってから、みずから首をくくって死んだ。彼にしたがって死んだ妻子は八人いた。

この日に大伴狛（馬養）と日向（身狭〈刺〉）を大将にして、石川麻呂の後を追わせた。彼らが黒山（大阪府堺市美原区黒山）まで来たとき、土師連身《はじのむらじみ》と采女臣使主麻呂《うねめのおみおみまろ》が山田寺より急ぎやって来て、『蘇我大臣はすでに三人の男子と一人の娘とともに首をくくって死にました』と報告した。そこで、将軍らは丹比坂《たぢひのさか》（羽曳野市丹比付近）より帰った。

二六日に石川麻呂の妻子と随身者《ともびと》らの中で自殺する者が多かった。穂積咋は石川麻呂の伴党田口臣筑紫《ともがらたぐちのおみつくし》らを捕まえて、枷《くびかし》に付け、後ろ手に縛った。この日の夕方、木臣麻呂・日向（身刺）・咋は軍兵をもって山田寺を包囲し、物部二田鹽《ふつたのしほ》を呼び出して石川麻呂の頭を斬らせた。二田鹽は大刀を抜き、その体を刺し貫き、雄叫びを上げて斬り始めた」

この後、石川麻呂の財産を没収して調べたところ、よい書物の上には皇太子の書とあり、重宝の上には皇太子の物とあった。使者が帰って、そのことを中大兄に報告すると、彼は初めて、石川麻呂の清廉潔白なのを知って、後悔し、非常に嘆いたという。

誰が石川麻呂を殺したのか

『書紀』の文章を子細に見ていくと、あらためて気づくのは、中大兄が石川麻呂殺害を主導したという、従来いわれている説とは、違うということである。

身狭（日向）が石川麻呂を讒訴したことに始まるこの事件は、身狭の言葉を中大兄が信用したとあるだけで、中大兄が孝徳に、そのことを伝えたとか、相談したとかいう条は一切なく、突然、孝徳が大伴馬養らを石川麻呂邸にやって罪を詰問する条になる。そこで石川麻呂殺害は孝徳の命により、身狭（日向）と穂積咋が主体となって実行に移している。大伴馬養は石川麻呂が自殺したと聞いて、途中で引き返しているが、身狭（日向）・咋・木臣麻呂は山田寺まで出かけて、石川麻呂の死体を切り刻んでいる。石川麻呂と三人の男子及び一人の女子は三月二五日に山田寺で自殺したが、翌日の二六日に、石川麻呂の妻子と随身者が死んだとあるのは、河内の石川麻呂の本宅にあった妻子たちのことであろう。本宅を攻めたのは、おそらく、石川麻呂の伴党田口筑紫を捕縛したとある穂積咋だろう。

咋は翌日、石川麻呂の本宅を攻めて、石川麻呂の妻子を自殺させたのである。この事件で切り殺された者は筑紫他一四人、首を絞めて殺された者九人、流罪になった者一五人だったという。

先述したように、咋は鎌足の隠された名と考える。我々には、鎌足は文治の人というイメージがあるが、「乙巳の変」のとき、腹心の佐伯子麻呂をして入鹿を斬らせ、みずからも弓矢を持って中大兄を護衛している。母方が武門の大伴氏の出身だけに、鎌足本人も相当腕の立つ人だったのではないだろうか。

そこで、孝徳が命じて穂積咋（鎌足）らが実行した石川麻呂事件に、中大兄がどのような関わりがあったかが問題になる。

石川麻呂は急速に権威づいてきた孝徳に、新制度下の冠を被らないことで反抗した。石川麻呂としては将来の青写真に、次なる大王として、娘婿となった中大兄があったのではないか。それを感じた孝徳は石川麻呂の粛清を計った。一方、身狭（日向）には蘇我一族の財産を引き継ぎ、氏上（一門の長）になりたい野望があった。ちょうど孝徳と石川麻呂の関係のように、中大兄との関係をもっていきたかったのだろう。そこで、まず石川麻呂を消さなければならない。それには少なくとも、中大兄を中立の立場に立たせて、石川麻呂擁護に回らせてはいけない。そのために、身狭（日向）は中大兄に石川麻呂を誹謗《ひぼう》したのではないだろうか。

身狭（日向）が石川麻呂の弟でなかったら、中大兄も簡単には身狭（日向）の言葉を信用しなかったかもしれない。あるいは、中大兄は身狭（日向）の言を信用したふりをして、孝徳にぴったりとつき、運命共同体にある石川麻呂の蘇我氏の所領及び財産を一旦、身狭（日向）のものとして、その後みずから支配したいという計算が働いたのかもしれない。私は後者と思うが、いずれにしても、中大兄本人は事態を傍観するだけで動かなかった。孝徳派にしてみればそれで十分だったのだ。

ところで、石川麻呂の娘は孝徳の妃にも中大兄の妃にもなっている。彼女たちは石川麻呂事件に巻き込まれて遭難しなかっただろうか。

もともと、当時は通い婚が普通だし、石川麻呂は倭国の実力者だから、邸宅も広く、中大兄の妃とはいっても、実家に常住している可能性は高いのである。

『書紀』には次のような挿話がある。

石川麻呂の娘で中大兄妃の造媛《みやつこひめ》は、父親が二田鹽のために斬られたと聞いて、塩という名を聞くことを嫌がったので、造媛に仕える人々は塩のことを堅塩《きたし》といった。

その上、造媛は父親の死を悲しむあまり、死んでしまった。それを聞いた中大兄は大層悲しみ、悼んだ。そこで、野中川原史満《のなかのかはらのふびとのみつ》という人が、次のような歌を中大兄に捧げたところ、彼は「よい歌だ。悲しい歌だ」と褒めて琴を与えて歌わせたという。

山川に鴛鴦《おし》二つ居て偶《たぐひ》よく
偶《たぐ》へる妹《いも》を誰か率《ゐ》にけむ

本毎《もとごと》に花は咲けども何とかも
愛《うつく》し妹《いも》がまた咲き出来《でこ》ぬ

この歌には中大兄の造媛に対する贖罪《しよくざい》の気持ちが込められているような気がする。ここで気になるのは、中大兄が造媛が死んだと聞いて云々《うんぬん》とある条だ。彼は造媛が死んだとき、そばにいなかったのである。もしかすると造媛は、石川麻呂とともに死んだとある娘の一人か、自殺したという石川麻呂の妻子の中にあったのではないだろうか。

やはり石川麻呂が自害したとき、三人の男子とひとりの女子がともに死んだとあるが、そのひとりの女子とは造媛だったのではないだろうか。

　斉明四（六五八）年五月条に中大兄と遠智娘（茅渟娘）との間に生まれた建《たける》皇子が八歳で死んだ。

　斉明はことにこの孫を可愛がっていたので、大層悲しみ、歌を作り、自分が死んだら、同じ陵《はか》に葬るように命じたという。ただし、建皇子は石川麻呂が遭難した二年後の六五一（白雉二）年に生まれているから、造媛の子ではない。造媛は父親を斬り刻んだ二田鹽の名を憎み、堅塩《きたし》といわせたとあるが、もしそうなら、彼女は石川麻呂の死の後も生きていたことになる。塩を堅塩といわせたのは、建皇子の母の遠智娘だったのではないだろうか。遠智娘は中大兄との間に建皇子の他、天武妃となる太田皇女を産んだ。太田は悲劇の人、大津《おおつ》皇子の母である。

　あるいは石川麻呂の死以後に、中大兄の後室に入ったのかもしれないが、一族を亡ぼされた遠智娘も、心痛のあまり、間もなく造媛の後を追うようにして死んだのであろう。造媛、遠智娘姉妹の似たような生涯が、両者を後年、混同させることになったと考えるべきかもしれない。しかし私は、石川麻呂の娘が三人も中大兄の後室にいるという、中大兄と石川麻呂との近しい関係を、『書紀』がなるべく隠したいという目的によったのではないかと思っている。

いずれにしても、建皇子の祖母にあたる斉明が建皇子を限りなく不憫《ふびん》に思い、可愛がったのにも理由があったのである。

消されたもうひとりの女帝

石川麻呂討伐の悪役として、穂積咋と蘇我身狭・木臣麻呂・大伴馬養（飼）がいる。馬養は石川麻呂が遭難した後、後任の右大臣になる人（大伴長徳）だが、石川麻呂が死んだと聞いて、引き返しているから、石川麻呂の死に直接、関わっていないともいえる。

すでに石川麻呂が死んでいる山田寺に押しかけて行って、死者を冒瀆《ぼうとく》したのは、異母弟の身狭（日向）と残る二人である。穂積咋すなわち鎌足は、先述したように、大化二年に収賄の罪で孝徳に厳しく叱責されており、それを石川麻呂のせいにして恨んでいたと見える。

『蘇我・石川両氏系図』などによると、石川麻呂には身狭（刺）・連子・赤兄の三人の弟がいたことになっている。弟の一人連子は、『公卿補任』には天智天皇時代に「初任年は未詳、字は蔵大臣、三年に薨《こう》ず、在官三年、一書にいう。三月に任じられて、即、薨ず」

とある。

天智三年三月条に大紫蘇我連大臣が薨じたとあり、古注に「ある本に大臣の薨じたのを五月と注《しる》す」とある。この蘇我連大臣は石川麻呂の弟の身狭（刺）のことなのである。

その理由として、『続日本紀』淳仁《じゅんにん》天皇天平宝字六（七六二）年九月条に、斉明朝の大臣・大紫蘇我臣牟羅志《むらじ》という名が見える。身狭は『大織冠伝』では武蔵《むさし》、『法王帝説』の裏書には曾我日向臣、字は無耶志《むやし》、『扶桑略記』では武羅自《むらじ》、『尊卑分脈』では藤原房前《ふささき》・武智麻呂《むちまろ》の祖父、武羅自古《むらじこ》となっている。

このように、身狭（刺）―武蔵―無耶志―武羅自（古）―牟羅志とつないでいくと、身狭（刺）は牟羅志と同一人であるのが分かるからだ。そこで、身狭（刺）が大臣になったとすると、彼は中大兄の腹心だから、天智朝以外にはない。つまり、連子は身狭（刺）の別名で、身狭は『書紀』にいう天智朝の初め、私見では間人朝のとき、大臣になっていたのである。

『扶桑略記』では、武羅自は三月に死んだとしており、『公卿補任』に三月に任じられて、すぐ死んだとある一説を裏付けている。

連子、つまり身狭（刺）には安麻呂という子がいた。「天武即位前紀」に、天智一〇

（六七一）年一〇月、近江朝は天智の病を理由に大海人を呼び寄せるとある。
このとき、安麻呂は大海人を迎える使人となって、大海人の許《もと》に行くのだが、密かに大海人に、身の安全に心するよう注意する。『書紀』には両者は、もとから親しかったとある。

私見による王位継承	西暦	『書紀』による王位継承	唐
タリシヒコ王朝	622	推古30年	
	623		
（空位）	624	推古天皇	
蘇我時代	625		
	626		8月 高祖譲位（武徳９年）
	627		太宗（貞観元年）
	628		
山背元年	629	舒明元年	
	630		
	631		
	632		
	633		
	634	舒明天皇	
山背王朝	635		
	636		
	637		
	638		
	639		
	640		
	641		

身狭（刺）の弟の赤兄は「壬申の乱」後、近江朝の大臣として流罪になったが、身狭（刺）の系統だけは、天武一三年に蘇我から石川姓に改姓して、奈良時代以後も続いていくのである。

中大兄の腹心であり、一時期、大臣にもなった身狭（刺）の子の安麻呂が、大海人側に

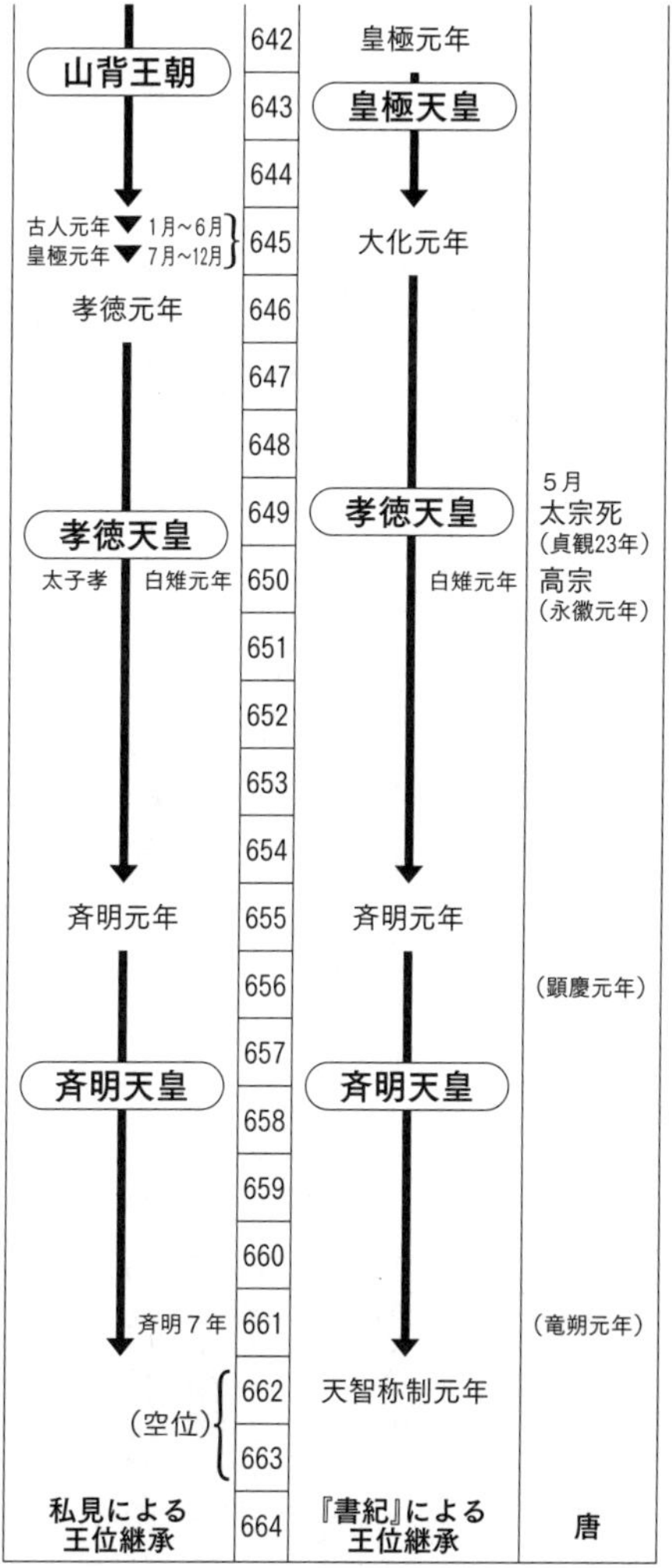

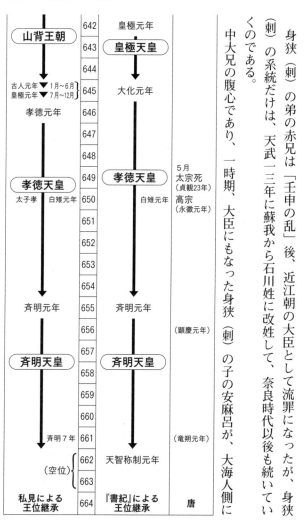

なるのには、実は隠された理由があったのだ。その理由は『古書記』の履中紀に語られている。

履中の弟に墨江中王《すみのえのなかつおう》という人がいて、皇位を狙っていた。墨江中王の同母弟は水歯別《みづはわけの》命《みこと》だが、履中は水歯別にも謀反心があるのではないかと疑った。そこで、水歯別の心を試すために、墨江中王を殺すように命じた。

そこで、水歯別は墨江中王の側近《そばちか》くに仕える隼人の曾婆訶理《そばかり》に「もし、お前が私のいうことを聞いたなら、私が天皇になったとき、お前を大臣にして、天下を治めさせてやるが、どうか」と聞いた。曾婆訶理は「仰《おお》せのままに」と答えたので、水歯別は曾婆訶理に多くの贈物をして「お前の主人の墨江中王を殺せ」と命じた。

曾婆訶理は墨江中王が廁に入ったところを窺って、矛《ほこ》で刺し殺した。水歯別は大坂の山口に仮宮を建て、曾婆訶理を大臣に任じて宴会を催す。願いが叶ったと大いに喜んでいる曾婆訶理に、水歯別は「大臣と同じ杯で酒を飲みたい」と、面を隠すほどもある大杯に酒を注ぎ、まず水歯別が飲み、次に曾婆訶理が飲むように命じた。彼が酒を飲もうと大杯に顔を覆った瞬間、水歯別は席の下に隠しておいた剣を取って、曾婆訶理の首を斬って殺したという。つまり、曾婆訶理は大臣になった途端に殺されたのである。

『書紀』の履中紀では、曽婆訶理は刺領巾《さしひれ》という。刺領巾とは何となく、身刺（大化五年三月条）に似た名ではないか。履中紀では、木菟宿禰《つくのすくね》という者が「刺領巾は主君を殺した者だから、大きな功積があっても、生かしておくわけにはいきません」と忠告したので、水歯別は刺領巾を殺したことになっている。

『書紀』では、石川麻呂事件直後に日向（身狭〈刺〉）が筑紫の大宰帥《だざいのそち》に命じられたとあって、世人は「隠《しの》び流しか」と噂したという。この言葉の意味について、谷川士清《たにかわことすが》（『日本書紀通證』一七四七年頃）は、表向き栄転させて、裏では身狭を退けたという意見だが、当たっていると思う。筑紫大宰府が後世の観念のように整備されていたとは考えられないが、後世の例でいえば、河村秀根（『書紀集解』）もいうごとく、大臣が左遷されるときでも、大宰府権帥（次官）である。日向（身狭）にとって栄転以外の何ものでもないはずだ。

中大兄としては、確かに石川麻呂討伐を容認したには違いないが、石川麻呂の真意が自分にあったことや、遠智娘らを巻き添えにしたことなどを後から知って、非常に後悔したことは間違いない。

白雉改元

『舊唐書』（東夷伝）には貞観二二（六四八・大化四）年正月に、新羅使者に付随して倭国の使者が入唐したとあるが、『書紀』には使者を送ったことも出ていないのだから、誰か分からない。ただ、玄理が新羅の金春秋と義慈との間を取り持ったことは疑えない。この入唐した倭国人とは、あるいは新羅派の大伴長徳だったのかもしれない。

同年二月条に阿倍大臣が四天王寺に仏像を安置したなどと見えるから、玄理は倭国に定着して、経済的に実力を持ってきたらしいのが分かる。

前に述べたように、唐の太宗は義慈の百済王は承認したが、倭国王を兼任することは許さなかった。しかし、太宗は翌六四九年五月に死ぬ。

そこで義慈は自分の太子孝の倭国王の承認を高宗に求めたらしく、翌六五〇（永徽元）年二月が白雉元年になっている。

『新唐書』（列伝一四五・東夷）では、永徽元（六五〇）年条に、孝徳は即位して白雉に改元したと詳しく出ている。

『書紀』には、その白雉元年二月条に、即位儀式らしい行事の数々が見える。まず、長門《ながと》国（山口県）から白雉《しろきぎす》を捕まえたと献上してきた。それについて、義慈の息子の扶餘豊《ふよほう》が後漢の明帝の時代に白雉が見えたという話をしたので、瑞祥であると衆議一決した。そこで白雉は園に放された。それから、賀正の礼のように百官及び百済・新羅・高句麗三国の人々も集まったところで、雉を入れた輿《こし》を大殿の前に置いた。そこで、左大臣の巨勢徳陀が祝辞を読み、次に、白雉のめでたい所以《ゆえん》と白雉に元号を決定したという詔が下ったとある。このとき、唐国にも承認された孝徳朝が正式に発足したことは間違いない。

しかし、ここで、私には消そうとしても消えない疑惑がわいてくるのだ。それは、白雉元年に倭国王として即位式を挙行した人物が、はたして義慈本人だったかということである。

「百済本紀」によると、六六〇（義慈二〇）年七月に、唐国に攻められて百済は滅びる。

このときに、義慈は太子の孝と北方に逃げたとあって、ここで太子孝という人が初めて現われる。唐は王の兼任を認めなかった。白雉元年に即位したのは先に述べたように義慈の子の孝だったのではないか。

二人が逃げたのは現代の錦江（熊津江）上流の熊津城（忠清南道公州郡）である。このとき、義慈の次男・泰《たい》は城を固守しようとしたが、武王王子の隆らが城を出て降伏したから、義慈及び太子の孝らも唐将の蘇定方に降伏せざるを得なくなり、百済は滅びることになったのである。

百済太子は本来、義慈王四（六四四）年に立太子した武王王子の隆のはずである。いつ隆から孝に太子の転向があったのか「百済本紀」その他にまったく見えない。『書紀』に見える大化年間は、唐太宗に承認されていないが、確かに義慈王の孝徳朝だった。しかし白雉元年からの孝徳は高宗によって承認された義慈王の子の孝だった。したがって、間人は孝の妃だったのである。そうすると、「百済本紀」にある義慈一五（六五五）年二月条の「太子の宮室を修理したが、極めて豪華華麗だった」とある太子も孝だった可能性もある。この年は斉明元年であり、前年の六五四（白雉五）年一〇月に孝徳は死んだと『書紀』に見える。そこで、孝徳は義慈ではなく太子の孝と思われるが、百済と倭国間では孝徳を死んだことにして、太子孝は百済に帰国し、太子としての屋敷を修理して住んだのが「百済本紀」に見えるのではないか。

王は義慈の子だった

白雉年間は義慈の子の孝が倭王だったという仮定のもとに見ていきたいと思う。

白雉元年の即位式に新羅の使人が参列していることは、親唐の新羅も孝徳倭国王就任を承認したことを意味するが、新羅と百済系の倭国との間のよい関係が長く続くわけはない。

早速、翌年の白雉二（六五一）年是歳条に、新羅使人が唐国の制度に則《のっと》った衣服を着て筑紫に来航したので、大和朝廷は勝手に衣服を改めたことを怒り、入国させないで追い返したとある。六四八（貞観二二）年に入唐した金春秋が衣服を中華の制に改めると太宗に申し出て、中国の衣服をもらってから、翌年の六四九年より、新羅は中国風の衣冠制に改めていたのである（「新羅本紀」）。

この時は巨勢徳陀がことに強硬で、「今、新羅を討《う》たなければ、後に必ず後悔するだろう」といきまいていたという。私見によれば、この年に大伴長徳は新羅に行ったらしいから、新羅使人の処遇をめぐる徳陀との争いが、長徳新羅行きの直接の原因になったのではないだろうか。

同年、高宗は百済王の義慈に璽書《じしょ》を下して、新羅と和平するように諭しているから、新羅と百済の間は、新羅の中国風の衣服の着用が発端となって、一触即発の事態になったのだろう。

白雉三年正月条には、班田が終わったこと、四月には戸籍を造ったことなどが載っている。

この『書紀』の記載もまったく無視すべきではなく、前に述べたように、玄理主導で東国の一部で実行されたのを記しているのだろう。

あるいは、大化年間のように、義慈本人が倭国に来て支配したときと違って、太子・孝の場合は、ある程度、玄理が思うように国内を動かせたのかもしれない。しかし、それもわずかな間だった。

翌白雉四（六五三）年五月には総勢二五〇人近くの大遣唐船が出発する。そしてこの中には、鎌足の息子の定恵（貞慧）がいる。定恵は前に述べたように、孝徳の息子と噂される人だが、『大織冠伝』には、翌年に長安に到着して、慧日の道場に入ったとあるから、彼は入唐してから得度したようである。おそらく、留学のために入唐したのが、孝徳朝が終わり、百済が滅びた後に僧侶になったのだろう。

同月条に学問僧の旻が死んで、孝徳が大いに嘆いたとある。古注に、孝徳が「もし、法師が今日死んだら、明日は私も死にたい」と漏《も》らしたという。

是歳条では、中大兄が斉明や間人、皇弟ら百官を引き連れて、大和の飛鳥河辺行宮に去った。そこで、孝徳は仕方なく譲位を決意し、山崎に行宮を造らせ、翌六五四（白雉五）

年、彼は孤独の内に死んだということになっており、この『書紀』の記載について、かつては私も疑わなかった。

しかし、事実は少し、違うようである。

「百済本紀」に、この年の秋八月に「王は倭国と修交した」という条が、何の説明もなく突然入っているのだ。中大兄らが大和に去ったこと、孝徳が譲位を決意したことと、百済と倭国が修交したこととの間には、必ず何らかの相関関係があるはずである。

高宗は、白雉二年に新羅が唐服を着用して訪日し、大和朝廷が追い返したのを聞いたとき、すでに孝を倭国王にしたことを後悔したらしい。「百済本紀」には、高宗が義慈に書を送ったとあり、その内容も載っているが、そこには百済が略取した新羅の城を返還するようになどという、高句麗・百済連合と新羅との間を調停する文章しか見えない。しかしこのとき、高宗は、倭国における百済政権の撤退を要求したのではないだろうか。その高宗に迎合的な考えの大伴長徳が、まず新羅に行って親唐派の玄理とともに高宗の命令通り、孝徳の倭国撤退に向けて動きだした。唐国の意向に反対なのは、義慈王だけではなく、中大兄も高句麗もそうだった。そこで、倭国といっても、この場合は中大兄であるが、百済義慈王らと改めて同盟した。それが「百済本紀」に見える倭国との修交の条であろう。

しかし、中大兄も、ただ百済の義慈と同盟を結んだわけではない。条件として、百済の倭国王撤退があったと思われる。義慈はそれを飲み、孝は六五四年に死んだことにして、百済に帰る。そこで、翌年二月に「百済本紀」にあるように、百済において、太子の宮殿を修復して、帰国した義慈王の息子の孝は住まいとしたのであろう。

この倭国中大兄と百済義慈との同盟に、またもや鎌足が活躍したらしく、翌白雉五年正月条に鎌足は紫冠を授かったとある。

一方、中大兄らは、倭国内の親唐派の一掃を計った。白雉四（六五三）年、五（六五四）年と二回にわたる大規模な遣唐船の派遣がそれであろう。

かつて、私はこの二度にわたる入唐船を中大兄や大海人など、反唐グループによる親唐派の追放船とのみ見ていた。確かに、この考えは今でも間違ってはいないと思う。中大兄らの真意はそこにあったと思う。しかし、白雉五年に入唐した玄理の目的は別にあった。彼は唐国に行くと、高宗に大きな琥珀《こはく》などを献じた。高宗はそこで、新羅と倭国は近接している国だから、新羅が高句麗と百済に攻められたとき、倭国は出兵して新羅を助けるように要請したという（『唐会要』巻九九　王溥撰　宋代他）。

新羅を助けよという高宗の頭の中には、同年、新羅王となった親唐派の金春秋があったと思われる。孝が百済に引き揚げたとはいえ、倭国と新羅を連合させるには、反唐・反新羅派の中大兄を倭国王として君臨させるわけにはいかない。そこで、唐国にとって、皇極の重祚《ちょうそ》という線が出てくるのだ。

玄理は皇極の前夫でありながら、皇極が百済武王に嫁いでからも、その後も皇極倭王の側近として皇極をもりたて、三国及び倭国の平和のために尽くした人であったことに間違いない。

鎌足と同様、彼には策謀家の匂いがしないでもないが、何でも最終的には武力で解決した息子の大海人に比べれば、分を心得た近代的なフェミニストといえるかもしれない。玄理は唐国にあって斉明朝存続に努めたが、『帝王編年記』の詩から見て、百済の滅びる六六〇年頃に死んだらしい。斉明も六六一年に死ぬから、両者は同じ頃、死んだようだ。

私は、斉明朝は唐国に承認されなかったと見ていたが、以上のように考えると、新羅武烈王と斉明倭国王は唐国に承認された王だったことが分かる。

「大化改新」後の世界

ところで、六四七（大化三）年に孝徳即位を唐国に求めて入唐していた高任武こと蓋蘇文（大海人）は、その後、どうしただろうか。

彼が確実に高句麗にいたと証明できるのは六六二年正月、唐将と平壌郊外の蛇水《ちすい》という場所で戦ったとあることだけである（「高句麗本紀」）。六四七年から六、七年の間、彼がどこで何をしていたか分からない。

あるいは、蓋蘇文は西から唐国を攻める同盟国を求めて中央アジアを遍歴していたのかもしれない。事実、彼は当時、河西回廊北部のモンゴルにあった回鶻《ウイグル》と連合して唐国を攻撃する計画を立てていたのである（『新唐書』列伝一四二）。

白雉四年是歳条に、皇太子・皇祖母尊・間人・皇弟が、孝徳を難波に残して飛鳥に去ったとあるから、この頃、蓋蘇文は皇弟大海人として倭国にあったように見える。

しかし、私は白雉五年二月条の古注に見える、高黄金《こうおうきん》らが「今年、使人とともに帰る」とある「今年」を白雉五（六五四）年と解釈し、高黄金は高という姓を持ち、蓋金という別名もある蓋蘇文を指すと考える。彼は父親玄理と入れ替わりに倭国に再来したのである。

蓋蘇文は義慈と反唐という立場で意見が一致したのか、終生、義慈を裏切ることはなかった。この後、当時は何と称したか知らないが、彼は中大兄の弟、大海人として、ほとんど倭国に定着し、斉明朝を通じて、高句麗と連絡をとりながら、百済と連合して、私的に唐と戦った。それは、中大兄が六六〇年に百済が滅びて、義慈が唐国に連れ去られた翌年になって初めて百済再興に乗り出しているのと、鮮やかな対照を見せている。中大兄は義慈に追放された武王の遺子翹岐だったたから、義慈王、及び太子・孝と相容《あいい》れるわけはないのである。

長年にわたって倭国に君臨した蘇我一族はたちまちのうちに、骨肉相食《あいは》む一族の争いで没落し、義慈の百済は滅び、蓋蘇文の傀儡王である高句麗の宝蔵王はなきに等しかった。

＊

高句麗の太陽王（実は達頭の子）は、長じて百済の義慈王となった。この後、義慈王は倭国の山背王朝を滅ぼし、蘇我一族も滅ぼして倭国王孝徳となり、「改新の詔」を発布した（いわゆる「大化改新」）。

このことは、義慈王の傀儡である高句麗王を含めて、義慈は倭国、百済と三国を支配したことになる。これは唐の容認しがたいものだった。そこで唐は六六〇年、百済を滅ぼし、義慈王を連行した。唐はその後、六六二年に白村江で倭軍を叩いた後、中大兄の天智朝を容認して、六六八年、高句麗を攻め滅ぼし、ついに東アジアから孝徳勢力を一掃した。

あとがき

古代の日本列島は、世界中のあらゆる場所から倭人を中心に人々が集まって、倭国という国を形成しつつあった。

世界中から人が集まるということは、世界史から日本古代史を見る俯瞰視《ふかんし》的態度が求められる。ところが日本では、平安時代以後の、窓から他の国を眺《なが》めるように古代史を見る態度が変わっていない。日本の古代は平安時代とは違う。すなわち世界から倭国を見る、逆視《ぎやくし》の態度が必要なのである。

それなのに、平安時代の延長線上に古代史を見る態度が変えられず、その結果、古代史は戦前からほとんど進歩していない。考古学の進歩と決定的に違う点である。

日本は現人神《あらひとがみ》（天皇）信仰をもって国民を先導し、やがて惨憺《さんたん》たる敗戦を喫した。それからもう七四年になる。この間、考古学は驚異的な進歩を遂《と》げたが、古代史に関しては結局『記紀』を中心にしているから何らの変更もなされていない。私はそれを不満に思って、日本古代史の探求を始めた。

古代史の史料は、何としても一〇〇パーセントに近く漢文であるから、日本歴史を学ぶために大学の日本史学科に入っても意味はない。そこで私は初めに東洋史を選んだ。
一九六〇年代に入ると生活が落ち着いたので、本格的に勉強しようと、まず中国の原書をできるかぎり集めることにした。というのは、家が狭くて本が置けないうえ、生まれつきの弱視のために長時間の読書も困難であり、各人の論文を読むよりも原書に徹しようと思ったからである。

それから古代オリエントの菊の印章のデザインが、天皇家の菊のご紋にぴったりと一致するのを見たとき、この造形はただの偶然ではないと考えた。そこで当時、創設して間もない日本オリエント学会に入会した。会を主宰されていたのは故三笠宮崇仁《みかさのみやたかひと》殿下である。

初めてオリエント学会に行ったとき、紹介者の先生（大学名を失念）がいらっしゃったはずなのだが、同じような初老の先生方に取り紛《まぎ》れ、私の目ではご挨拶《あいさつ》が困難だった。そこで呆然《ぼうぜん》と椅子に腰かけていると、「小林さん」と呼びかける、聞き覚えのない声がする。見ると、目の前に三笠宮殿下が座っていらした。そして私にお話しになったのは、宮様が本拠を置かれている皇居内の旧書陵部《しょりょうぶ》に遊びに来ないか、ということだった。

私は有頂天《うちょうてん》になり、たちまち月に二、三回は訪問するようになった。書陵部には日本の古文書が山のようにあり、宮様の研究室にはオリエント関係の本に不足がなかった。したがって、中国の史料は手元にあるから、ここで史料がほぼそろったことになる。

ところが今になって考えると、当時私はほとんど論文も出しておらず、なぜ宮様がオリエント学会に入会したばかりの私を知り、声をかけられたのか。不可解に思っている。

三笠宮研究室に通いだして十数年経った頃、高松塚《たかまつづか》古墳が発掘された。研究室で、その高松塚古墳について雑談しているときのことである。宮様から「本を出してみないか」と誘われた。それで一応、原稿らしきものを書いて宮様にお渡しすると、宮様は講談社と学生社に持ち込まれた。だが、いずれも出版は却下された。

私は、老大家が一般民衆を相手に、ろくに文献も挙げず独断的に書いていたのでは、本が売れるわけはないと考えていた。そこで医学博士である夫の指導も得て、文系のように曖昧《あいまい》な表現をせず、必ず文献を挙げて誰にも読めるような本を出そうと思った。そうして書いた原稿を現代思潮社に持ち込んだ。社長は石井《いしい》恭二《きようじ》氏である。現代思潮社は、規模は小さいながらフランス文学から日本古代史まで、石井社長の幅広い見識が見える出版社だった。

お目にかかったその日に、石井氏は出版を約束してくれ、そして世に出たのが『白村江の戦いと壬申の乱』（一九八七年）である。それ以後、文藝春秋から『聖徳太子の正体』（一九九〇年）などを出した。

二〇一五年一二月、宮様にとって最後となるお誕生会におうかがいしたとき、宮様は私の手を握り、慟哭《どうこく》されながら、

「ありがとう」

といわれた。

宮様から「ありがとう」という言葉を発せられた記憶はない。新刊を差し上げても、パラパラとめくって、うんうんと頷《うなず》かれるだけだった。果物などをお贈りしたときは、後日「あれはうまかったよ」といわれるだけだった。そこで私は、お誕生会での宮様のお言葉に衝撃を受けたのだ。

「ありがとう」の意味は、今は古代史学の盟友である私に対する、励ましのお言葉であったと思っている。この宮様のお言葉以上、私には名誉も名声も何もいらない。ただ私を支持してくださった周囲の方々に厚く御礼申し上げる。

二〇一九年七月　病床にて

切りとり線

★読者のみなさまにお願い

この本をお読みになって、どんな感想をお持ちでしょうか。祥伝社のホームページから書評をお送りいただけたら、ありがたく存じます。今後の企画の参考にさせていただきます。また、次ページの原稿用紙を切り取り、左記まで郵送していただいても結構です。

お寄せいただいた書評は、ご了解のうえ新聞・雑誌などを通じて紹介させていただくこともあります。採用の場合は、特製図書カードを差しあげます。

なお、ご記入いただいたお名前、ご住所、ご連絡先等は、書評紹介の事前了解、謝礼のお届け以外の目的で利用することはありません。また、それらの情報を6カ月を越えて保管することもありません。

〒101-8701（お手紙は郵便番号だけで届きます）
祥伝社新書編集部
電話03（3265）2310
祥伝社ホームページ　http://www.shodensha.co.jp/bookreview/

★本書の購買動機（新聞名か雑誌名、あるいは○をつけてください）

＿＿＿＿新聞の広告を見て	＿＿＿＿誌の広告を見て	＿＿＿＿新聞の書評を見て	＿＿＿＿誌の書評を見て	書店で見かけて	知人のすすめで

★100字書評……大化改新の黒幕

名前

住所

年齢

職業

小林恵子　こばやし・やすこ

1936年生まれ。岡山大学法文学部東洋史専攻卒業。『古事記』『日本書紀』を偏重する日本史学会と一線を画し、日本古代史をつねに国際的視野から見つめ、従来の定説を覆しつづける。

〈著書〉『陰謀 大化改新』『二つの顔の大王』『白虎と青龍』『聖徳太子の正体』『広開土王と「倭の五王」』（以上、文藝春秋）。『白村江の戦いと壬申の乱』『高松塚被葬者考』『「記紀」史学への挑戦状』［井沢元彦氏との対談］『倭王たちの七世紀』『小林恵子古代史シリーズ　全九巻』（以上、現代思潮新社）。『本当は怖ろしい万葉集』『西域から来た皇女』『大伴家持の暗号』『桓武天皇の謎』『空海と唐と三人の天皇』『古代倭王の正体』（以上、祥伝社）など。

大化改新《たいかのかいしん》の黒幕《くろまく》

小林恵子《こばやしやすこ》

2019年 9 月10日　初版第 1 刷発行

発行者……………辻 浩明
発行所……………祥伝社《しょうでんしゃ》
〒101-8701　東京都千代田区神田神保町3-3
電話　03(3265)2081(販売部)
電話　03(3265)2310(編集部)
電話　03(3265)3622(業務部)
ホームページ　http://www.shodensha.co.jp/

装丁者……………盛川和洋
印刷所……………萩原印刷
製本所……………ナショナル製本

Printed in Japan　ISBN978-4-396-11579-1　C0221

〈祥伝社新書〉
中世・近世史

278
源氏と平家の誕生
なぜ、源平の二氏が現われ、天皇と貴族の世を覆《くつがえ》したのか？
歴史作家 関 裕二

054
山本勘助とは何者か 信玄に重用された理由
軍師か、忍《しの》びか、名もなき一兵卒か。架空説を排し、その実像を明らかにする
作家 江宮隆之

501
天下人の父・織田信秀 信長は何を学び、受け継いだのか
信長は天才ではない、多くは父の模《も》倣《ほう》だった。謎の戦国武将にはじめて迫る
戦国史研究家 谷口克広

442
織田信長の外交
外交にこそ、信長の特徴がある！ 信長が恐れた、ふたりの人物とは？
谷口克広

232
戦国の古戦場を歩く
古地図、現代地図とともに戦闘の推移を解説。30の激戦地がよみがえる！
作家 井沢元彦 監修

〈祥伝社新書〉
昭和史

460
石原莞爾の世界戦略構想
希代の戦略家にて昭和陸軍の最重要人物、その思想と行動を徹底分析する
名古屋大学名誉教授
川田 稔

344
蔣介石の密使 辻政信
二〇〇五年のCIA文書公開で明らかになった驚愕《きょうがく》の真実！
近代史研究家
渡辺 望《のぞむ》

429
日米開戦 陸軍の勝算
「秋丸機関」の最終報告書
「秋丸機関」と呼ばれた陸軍省戦争経済研究班が出した結論とは？
昭和史研究家
林 千勝《ちかつ》

332
北海道を守った占守島《しゅむしゅとう》の戦い
終戦から3日後、なぜソ連は北千島に侵攻したのか？ 知られざる戦闘に迫る
自由主義史観研究会理事
上原 卓《たかし》

392
海戦史に学ぶ
名著復刊！ 幕末から太平洋戦争までの日本の海戦などから、歴史の教訓を得る
元・防衛大学校教授
野村 實《みのる》